Geld

Marlene Engelhorn

übermorgen

Marlene Engelhorn

für meinen liebsten buchstabensalat:
rtrb, mi, rg, rj, rm & gf

– danke an die rüben

Inhalt

Einleitung

Die Frage nach dem Geld? Stellt man nicht. Früher habe ich sie auch nicht gestellt, weder mir noch anderen. Ich hatte keinen Grund und wurde so nicht erzogen. Das ist ein wichtiger Punkt, mit dem ich beginne. In diesem Text gibt es mich als lesende, schreibende und überlegende Person. Das schließt alle meine Prägungen und Vorurteile mit ein. Darum möchte ich klar aufzeigen, was mich und somit diesen Text beeinflussen wird. Ich bin *weiß*[1], privilegiert, vor allem klassenprivilegiert, überreich (also im reichsten Prozent der österreichischen Bevölkerung) und im Globalen Norden mit der österreichischen und deutschen Staatsbürgerschaft geboren.

Ich bin weder Philosophin noch Geschichts-, Politik-, Sozial- oder Wirtschaftswissenschaftlerin. Mein Ansatz kommt aus meinem Lesen von allerlei Texten, meinem Engagement in der Debatte um Steuer- und Verteilungsgerechtigkeit und meinen persönlichen Erfahrungen.

Was und wie ich denke, wenn ich in diesem Text in ein *Wir* verfallen werde, spiegelt all das immer wider. Das heißt leider auch, dass ich manches nie wirklich *mitsagen* kann, auch wenn ich alles *mitmeinen* möchte. Das *Wir* kommt mir dennoch unter, es bezeichnet eine Gesellschaft, zu der ich mich zählen will, oder es steht für die Überreichen, zu denen ich durch meine Geburt gehöre.

Eigentlich ist es seltsam, dass ich selbstverständlich über Geld spreche und schreibe, obwohl ich mich nie besonders damit auseinandersetzen musste. Ich hatte ja immer welches. Für diesen Text musste ich tatsächlich Annäherungsversuche machen, die entweder großspurig oder lächerlich waren. Vermutlich geht es vielen so, wenn sie die eigenen Selbstverständlichkeiten als vermeintliche entlarven. Darum will ich hier keine große Theorie auspacken. Davon gibt es genug. Vermutlich sind Versuche tatsächlich die ehrlichere Herangehensweise – eine, die man mir glauben kann.

Über Geld nachzudenken, führt mich zu ganz großen Fragen. Sie sehen recht schlicht aus, aber gehören zur klassischen Sorte, die sich bei längerem Draufherumkauen so lange vergrößern, bis man recht sprachlos daran erstickt, oder frustriert irgendeinen Klumpen ausspuckt. Ich habe die Fragen überfordert verschluckt und jetzt liegen sie mir im Magen. Also auch ein Versuch einer Verdauung – Geld stinkt bekanntlich nicht.

Geld also. Was ist das überhaupt? Warum ist es ein heikles Thema? Wie reden wir eigentlich über Geld – und wie nicht? Ich stelle mir diese Fragen und stelle sie in meinem Umfeld. Die meisten haben eine ungefähre Vorstellung von Geld. Sie erzählen mir persönliche Geschichten: Ihre Beziehung zu Geld beschreibt ihr Verständnis von Geld. Meins auch. Aber wir erzählen nicht das Gleiche. Mir fällt auf, wie unterschiedlich wir über Geld reden, wenn es um Geld geht und darum, wo es herkommt. Wenn es nicht darum geht, was man damit machen kann, sondern darum, was es ist. Das heißt, wenn wir überhaupt darüber reden.

Woher kommt das Geld? Wer hat Zugang zu Geld? Ab wann ist Geld Reichtum oder Vermögen? In den Gesprächen kommt es zu vielen Momenten des Schweigens. Nicht Stille, in der beide nachdenken, weil sie gemeinsam überlegen. Sondern Schweigen, weil etwas nicht gesagt wird. Weil man überlegt, wie man es sagen könnte oder ob man es lieber doch nicht sagt. Ich merke, Geld ist nicht selbstverständlich das, was ich denke. Beim Nachfragen merke ich, meine Selbstverständlichkeit hat viel mit meinem Vermögen zu tun. Die Selbstverständlichkeit von vielen Menschen hat aber kein Vermögen im

Hintergrund. Mein Geld ist selbstverständlich. Aber nur für mich. Was machen wir jetzt? Wer ist *Wir*?

Etwas Selbstverständliches: Wir reden nicht über Geld. Wir reden auch kaum darüber, dass wir nicht darüber reden. Wir reden nicht darüber, dass Menschen wie ich sich um Geld keine Sorgen machen, nicht aufs Konto schauen müssen und trotzdem alles bezahlen können. Warten-auf-Geld hat für mich nichts mit ausstehendem Lohn, Ämtern, Beihilfen und Förderungen zu tun, sondern bedeutet: Geld hängt in der Warteschleife, weil die Familie vermögend ist: zum Beispiel Warten-aufs-Erben. „Erben" ist in meiner Welt außerdem selbstverständlich nur ein Code für noch mehr Geld, das steuerfrei in meine Tasche gelangt, innerhalb der Familie; sterben *muss* dafür selbstverständlich niemand.

Wir reden auch nicht darüber, dass ich mit meinem Geld Einfluss auf Politik, Wirtschaft und Medien nehmen kann. Sollen wir das einfach ignorieren? Nochmal: Wer ist *Wir*? Was hat das *Wir* mit mir zu tun?

Mich beschäftigt, wie wir miteinander über Geld sprechen und schweigen. Alle möglichen *Wirs* vermeiden das Gespräch, innerhalb eines *Wir* und *Wir*-übergreifend. Ich nehme an, dass es schwer zu verdauen ist, wenn man direkt am Gegenüber erlebt, dass Geld keine Sorge sein muss, sondern Macht und Lebenschancen garantieren kann. Dann wird spürbar, dass zwei Menschen aus der gleichen Gesellschaft ungleich sind, dass sie das *Wir* nicht teilen. Wenn ich ohne Arbeit so leben kann, wie es die wenigsten mit harter Arbeit können, zeigt sich eine Ungerechtigkeit sehr konkret. Dieser Unterschied bringt ganz oft eine Wertung mit. Mehr Geld ist mehr wert. Manche Arbeit sorgt dafür, dass man mehr *verdient*. Aber: Ist, wer mehr Geld hat, mehr wert?

Ich weiß, dass die moralisch richtige Antwort *Nein* und die tatsächliche Antwort *Ja* lautet, weil wir Menschen einander so behandeln. *Wir* sind ungleich. Und das schadet allen. Gerade weil wir denken, dass doch *eigentlich* alle Menschen gleich sind. Aber das eigentliche Eigentlich, die sogenannte Realität ist: manche sind gleicher …

Finanzielle Ungleichheit ist systemisch, sie lässt sich nicht individuell ausgleichen. Du hast zu viel Geld? Gib es her. Du hast zu wenig? Bemüh dich. Beide Aussagen gehen am Problem vorbei, beschreiben es aber. Denn: *zu viel* und *zu wenig* sind strukturell verknüpft. Ein System, das ungleich ist, wird nicht durch Einzelhandlungen gleicher. Soziale Ungleichheit zeigt sich mitunter am Geld, aber sie ist komplexer. Der Teil, über den wir besonders viel schweigen, *der* Grund für die Ungleichheit ist: Macht. Wer hat Geldmacht? Worin besteht sie und wie zeigt sie sich? Ob und wie wir über Geld und Macht sprechen, berührt die Strukturen, die unser Leben gestalten. Und diese Verstrickung entlarvt mein privates als ein gesellschaftliches Problem.

Und jetzt? Ob eine Gesellschaft ungleich ist oder nicht, sollte nicht an die Fähigkeit überreicher Menschen zur Selbstkritik geknüpft sein. Die Fragen, die sich stellen, gibt es aber trotzdem. Denn es gibt Armut, weil es Überreichtum gibt. Sie schauen aus entgegengesetzten Richtungen auf Einkommen. Einerseits gibt es keins, andererseits braucht es keins. Hier stellt sich die Frage danach, was Arbeit ist. Sie ist wichtig, aber ich werde sie nicht behandeln. Worum es mir geht, sind diese Fragen: Was ist Geld eigentlich? Was macht es mit einzelnen Menschen und der Gesellschaft? Warum ist Geld emotional? Warum ist Geld politisch? Wie viel ist genug? Was ist das gute Leben für alle? Wer darf das entscheiden?

Ich will in diesem Text gern meinen Prozess mitnehmen, weil ich denke, dass es vielleicht hilfreich ist, um mir zu folgen und eigene Geldgedanken zu entwickeln. Es sind also Versuche des Antwortens, keine endgültige Antwort. Über Geld zu sprechen und zu schreiben beginnt mit dem Entdecken der geteilten Welten, den ersten Malen, die ich über Geld offen gesprochen habe. Mit all den Fragen danach, worum es eigentlich geht und warum hier und da eine kleine theoretische Abschweifung wichtig ist, damit es weitergehen kann. Schnell wird das Thema zu groß und zu viel, es zeigt sich deutlich ein neurotischer Umgang mit Geld, wenn es sich in alle Bereiche des Denkens und Lebens stiehlt.

Überall mischt es unterschwellig mit. Das führt fast selbstverständlich zum frommen Wunsch, einfach einmal Ruhe zu haben und ein gemütliches Leben genießen zu können, wenn man es sich leisten kann. Als wäre ich allein auf der Welt. Bin ich aber nicht. Und dann wird klar, dass die Fragen vom Anfang nicht verschwinden. Um antworten zu können, braucht es eine Sprache, aber die Geldsprachen, die ich kenne, helfen nicht wirklich weiter. Damit ist dieses Buch für mich letztlich auch ein Versuch, ein Sprechen über Geld zu finden, das beschreibt und erzählt, statt zu urteilen und zu fixieren.

Ich will versuchen, eine Geldgeschichte zu erzählen, die zum Nachdenken einlädt. Die Stille, nicht das Schweigen. Damit wir miteinander unsere Geldgeschichten austauschen können, auf Augenhöhe. In einem öffentlichen, demokratischen Gespräch. Weil es alle etwas angeht und alle etwas zu sagen haben. Und weil ich diesen Text schreibe, beginne ich bei mir.

Geldgeschichten

Über Geld zu schreiben ist mein Versuch einer kleinen Theorie des guten Redens. Geld ist Macht, Macht ist ein Beziehungsmittel. Ein schwer greifbares Etwas, das dafür sorgt, dass eine Beziehung *passiert*, ohne ausgehandelt zu werden. Machtmissbrauch bedeutet, eine Beziehung nicht auf Augenhöhe zu führen. Wer Macht hat, kann sich durchsetzen, zur Not mit Gewalt. Aber Macht bedeutet, keine Gewalt anwenden, sondern nur androhen zu müssen. In einer Welt, die durch und durch finanzialisiert ist, in der Geld also quasi alles regelt, steckt Geld in so gut wie jeder Beziehung. Dabei drückt Geld das Machtverhältnis aus, ein bisschen wie eine Sprache. Wie wir mit Geld umgehen, beschreibt auch unseren Umgang mit Beziehungen. Dabei ist es ein intransparentes Beziehungsmittel, mit dem wir kommunizieren und unser gesellschaftliches Miteinander regeln. Nicht selten bis hinein ins Private.

Über Geld selbst wird nämlich kaum gesprochen. Es geht fast immer nur um verknüpfte Ersatzthemen: um Einkommen, Steuern, Schulden, Kosten, Preise, den Finanzmarkt etc. Wir sollten mehr darüber sprechen, woher es kommt und was das für die Verteilung von Geld heißt. Dafür muss man ansprechen, wer wie viel hat; wer wie viel braucht und wie ein transparenter und öffentlicher Verteilungsprozess behutsam das Private beeinflussen kann. Geld berührt beide Sphären und damit viele Fragen der Identität. Wir sind die Geschichten, die wir uns über uns selbst erzählen. Gute Geschichten haben Fatalität, Skandal, Drama – Unausweichlichkeit und Schicksal. Reichsein ist kein Schicksal. Ich bin überreich geboren. Aber nicht gezwungen, überreich zu sterben. Geschichten haben vor allem auch eines: Fiktion.

Ich & die anderen

Offen und ehrlich über Geld zu sprechen ist in meinem Umfeld tendenziell unvorstellbar. Es verletzt alle Gebote. Wenn ich überreiche Menschen auf Geld anspreche, stellt sich oft heraus, dass es eine Angst davor gibt, auf den (Über-)Reichtum und das Geld reduziert zu werden. Interessanterweise reduzieren sich Menschen, die das ganz besonders stark fürchten, oft selbst ganz besonders stark auf ihr Geld. Alles kreist plötzlich um den Schein, den es zu wahren gilt. Freund:innen, so der Glaube in meiner Familie, könnten sich ja irrwitzigerweise als falsche Freund:innen entpuppen. Was man über reiche Menschen nicht wissen darf, ist, dass sie reich sind. Und wie sie es sind. Für Ehrlichkeit und Vertrauen braucht es aber Gespräche und Beziehungsarbeit. Sonst bleiben wir in den Rollen[2] gebunden, die wir mit Geld fixieren. Wir sollten einander nicht mit dem staubigen Schweigen erdrücken, das auch mir zum Thema Geld mitgegeben wurde und das ich immer wieder abschütteln muss.

Es ist nicht so einfach, die eigene Geldgeschichte zu erzählen, wenn sie mit Vermögen zu tun hat. Meine Freund:innen und ich wussten auch nicht, wie so ein Gespräch funktioniert. Wer fängt an und wie? Was sagt man und wie? Wie viel gibt es zu reden? Irgendwie haben wir uns das Reden gebastelt, vor allem fragend. Und ich hatte anfangs auch jede Menge Antworten – viel Unsinn, zu allem eine Meinung, bloß nicht nichts sagen. Wer Geld hat, muss sich mit Geld auskennen, dachte ich. Bloß keine Blöße geben, dass ich mit solchen Summen mindestens genauso überfordert bin wie alle, deren Beruf nicht Geld ist. Es wäre schön gewesen, eine Anleitung zu haben, einen öffentlichen Diskurs, dem wir hätten folgen können. Das Gespräch kann gut laufen. Es kann aber auch komisch und schwierig sein.[3] Manches kann man einfach nicht fassen oder glauben, egal auf welcher Seite. Und weil es so stark mit der Wertfrage verknüpft ist, lauert überall ein Konflikt. Nicht zu sprechen löst den Knoten nicht.[4]

Unausgesprochenes wird bald unaussprechlich. Die inneren Bilder verfestigen sich. Ohne Austausch gibt es keine neue Perspektive und keine Möglichkeit, den Umgang bewusster zu gestalten. Ein Beispiel: Ich erzähle einer Freundin von meinem Erbe und nenne es bei dem Namen, den ein Finanzberater dafür verwendet: *Liquiditätsevent.* Sie schaut mich kurz mit großen Augen an und dann lachen wir, weil es so ein bescheuerter Begriff ist und wir beide wissen, wir lachen nicht über mich, sondern über diese seltsame Art, mit Überreichtum umzugehen. Damit sowas gelingt, muss miteinander statt übereinander gesprochen werden. Stattdessen gilt: Arme Menschen werden oft beschämt, verteufelt, romantisiert oder verkitscht bemitleidet. Reiche Menschen werden oft überhöht, verachtet, romantisiert und verklärt. Beide werden auf Geld reduziert, auf ihr *Zuviel* oder ihr *Zuwenig.* Dabei wird nicht offen, ehrlich, vertrauensvoll und verletzlich gesprochen. Würde ich behaupten. Aber Reden ist ein Beziehungsschlüssel.

Der Beziehungsaspekt ist mir daher wichtig für das Verständnis von Geld. In Beziehungsfragen hilft es nämlich auch nicht, wenn wir in einen Sachsprech verfallen. Irgendein Fremdwortsalat und viele ausweichende

Floskeln. Geld ist mitunter deshalb heikel, weil es so viele gesellschaftliche Konsequenzen mitbringt. Etwas, das so viel Einfluss auf unser Leben nimmt, lässt sich nicht einfach so besprechen. Beziehungen brauchen aber Pflege durch Gespräche, das gilt auch für Geldbeziehungen.[5]

Familienangelegenheit

Über Geld spricht man nicht, Geld hat man. In diesem Satz steckt eigentlich schon alles, was es im Rahmen meiner Familie zu dem Thema zu sagen gibt. Rückblickend sehe ich die Risse in dem Satz, die jetzt immer weiter aufsplittern. Aber der Damm steht noch. Etwas verdichtet würde ich sagen: Das Schweigen hält, was es verspricht. Dieser Geld-Satz muss nicht fallen, niemand muss ihn aussprechen. Er wird auch zwischen den Zeilen klar, wenn man aus meiner Welt kommt. Es wird nicht gefragt und man hat nicht zu fragen, sondern dankbar zu sein und zu schweigen. Denn das liegt diesem Satz eigentlich zugrunde: Macht und die Selbstverständlichkeit, dass es immer reichen wird. Über Geld spricht man nicht, Geld hat man. Diesen Satz muss man sich leisten können.

Geld haben, ein Vermögen bekommen – Erben ist kein Gespräch. In eine vermögende Familie geboren zu sein hat beinah religiösen Charakter. Man könnte sagen, ich wurde bei der Geburt auf Überreichtum getauft. Das familiäre Schweigen über Geld und die unausgesprochene Regel, das selbst ebenso zu handhaben, werden von einem festen Glauben begleitet. Dem Glauben, dass es so sein muss, weil es nicht anders sein kann, nicht anders sein darf. Dieser Glaube muss gewahrt werden, aber das heißt nur: Die vermeintlichen Selbstverständlichkeiten müssen geschützt werden. Ein Hinterfragen ist ein Frevel. Und gegen das Geld zu sündigen ist bedrohlich: Wehe, man versucht, es anders zu machen, als der unausgesprochene Glaube diktiert. Wenn das Schweigen lang genug geschichtet wird, wiegt es so schwer auf allen, dass gar nichts mehr gesagt werden muss. Es gibt dann eine Art heimliches Wissen, das in allen Sätzen steckt, die das Thema auch nur streifen: So. Spricht. Man. Nicht.

In dieser Glaubensgemeinschaft haben alle ihre eigene heimliche Auslegung. Das und Beziehungsmuster, die sich über Jahre eingefräst haben, lassen sich nicht einfach aufheben, nur weil ich ein Gespräch will. Über Geld zu sprechen und darüber, es anders zu machen, als es die Familie stillschweigend und wie selbstverständlich voraussetzt, führt zu einer Riesenaufgabe: Rechtfertige dich!

Fragen, die oft dahinter stecken, lauten mitunter: Urteilst du über uns? Schämst du dich für die Familie / das Geld? Bist du nicht dankbar für dein (Geburten-)Glück? Hast du keine Angst, nur noch als reich betrachtet zu werden? Diese Fragen sind schwierig. Und ich bin auch in meine eigenen Muster verstrickt, rede manchmal Unsinn, bin unsensibel, ungeduldig und unbeholfen. Ich habe auch keine Ahnung, was ich da tue, es gibt nämlich keine Anleitung, weder zum Geld noch zur Familie. Das Schweigen bietet sich an, aber es ist eine Falle.

Was nie besprochen wird und immer im Raum steht, steckt voller Konfliktpotenzial. Viele Überreiche umgeben sich darum mit einer Blase aus anderen Überreichen oder eingekauften Gleichgesinnten. Dort werden sie wortlos verstanden, oder das Schweigen ist im Preis inbegriffen. Es sind wieder vermeintliche Selbstverständlichkeiten, die nur dazu dienen, sich dem Konflikt nicht auszusetzen, den es eigentlich braucht. Das soll nicht heißen, dass ein Gespräch über Geld ein Streit sein muss, aber es sollte die Selbstreflexion anregen, auch und gerade dann, wenn es schwerfällt. Das Leben, aus Furcht vor dem Konflikt, in solchen verschwiegenen Netzwerken zu führen, nennt man Abschottung.[6] Diese Abschottung trägt zur Intransparenz von Vermögensdaten bei und hat etwas von eingeschworener Heimlichtuerei. Es macht Überreiche zu den Mitgliedern einer der schlechtest integrierten Parallelgesellschaften. Gut zeigt das auch Julia Friedrichs in *Wir Erben*, als sie ganz zu Anfang ihrer Recherche beschreibt, wie schwer es ist, mit Erb:innen ins Gespräch zu kommen.[7] In zwei Lagern brodelt nicht selten ein Süppchen aus Vorurteilen. Was sie gemeinsam haben: zu wenig Wissen um die Welt der anderen zum Miteinanderreden. Zum Verrücktwerden, aber es hilft nichts, irgendwo muss man anfangen.

Einmal spreche ich mit einer Frau in meiner Familie und frage, was Geld ist. Sie spricht von Geld als Tauschmittel und von Sicherheit. Das überrascht mich, weil sie reich ist. Ich frage weiter nach und sie sagt mir, da Geld für sie Sicherheit bedeute, sei der Zugang zum eigenen Geld mitunter auch knifflig. Sicherheit sei etwas, das ihr in ihrem Leben oft gefehlt habe. Dieses Gefühl würde sie jetzt ungern aufgeben. Und weil Geld ein Tauschmittel sei, das sich in so gut wie alles verwandle, sei es auch die Sicherheit, immer von allem genug zu haben. Dann sagt sie, eigentlich möchte sie immer nur einen Euro mehr haben, als sie für ihre Ausgaben braucht. Ich frage nach, wie ihre Ausgaben aussähen, ob sie wisse, wie viel das sei. Eigentlich frage ich sie, wie viel genug ist. Aber sie sagt mir, dass sich das immer ändere. Viele Anschaffungen kosten mehr als ihren Preis. Ihr Fazit zu Geld: Entweder du hast welches und überlegst, wohin damit; oder du hast keines und überlegst, woher du es bekommen kannst. Wer im Geld schwimmen wolle wie Dagobert Duck, der wolle den goldenen Wasserhahn und nicht die Wanne voll Münzen.

Der Schein ist zu wahren, das Geld hat also geschützt zu werden, idealerweise vermehrt. Die Geldgeschichten in der Familie zu hinterfragen bedeutet auch, deren

Entstehung zu hinterfragen. Jeder Glaube braucht einen Mythos, eine Erzählung.

Mythen

Der bekannteste Geldmythos: Selfmade-Millionär:innen. Menschen, die sich selbst herstellen. Einzeller, die aus sich selbst heraus die perfekte Geburt schaffen. Meine Familie ist nicht aus dem Nichts überreich geworden. Wir sind auch Teil der Gesellschaft und brauchen ihre Infrastruktur und Gesetze. Der Selfmade-Mythos ist Gift für die Solidarität. Es gibt keinen einzigen Menschen, der ganz allein überreich geworden ist. Allein schon die Tatsache, dass dieser Mensch in einem Wirtschaftssystem steckt, das ihm ermöglicht, was auch immer zu tun, sorgt dafür, dass eine Wechselwirkung unleugbar ist. Anders gesagt: Ohne *solidarische* Menschen keine Gesellschaft, ohne Gesellschaft kein Rechtsstaat, keine Rahmenbedingungen, keine Volkswirtschaft und ohne all das kein individueller Überreichtum.

Darum muss das Gespräch über Überreichtum und Geld auch in die Öffentlichkeit. Die Leugnung dieser strukturellen Verknüpfungen dringt nämlich in Form von Lobbyismus bis in die politischen Institutionen vor, hinter verschlossenen Türen wie zum Beispiel in Davos. Dabei geht es viel um Macht und Deutungshoheit – Hauptzutaten der Mythen der *Super*reichen. Sehen wir uns um, die Realität spricht Bände. Die Welt braucht keine abgeschotteten Eliten, sondern Transparenz und Demokratie.

Die verschlossenen Türen, hinter denen gesprochen wird, schaffen Mythen. Und diese bedienen unsere Glaubensfragen. Überreiche Familien spielen eine wichtige Rolle. Das beste Beispiel dafür ist die Sippenhaft. Sie ist ein ernstes Problem und hat ihre Wurzeln in der Vergangenheit, man sagt auch gern Familientradition dazu. Vor allem aber ist es die Tatsache, dass mit dem geerbten Vermögen auch die Geschichte des Vermögens weitergegeben wird. Oft ist es eine Geschichte, die mehr über die Menschen aussagt, die sie erzählen und wie diese sich gern sehen wollen, als über die wirklichen Abläufe der Dinge.

Der Mythos der Selfmade-Person ist ebenso lächerlich wie falsch. Wenn aus Mythen aber Ideologien werden, dann kommen wir an den Punkt, wo es brenzlig wird. Oft lässt sich ein Mythos nur aufrechterhalten, wenn er verklärt wird. Wir belügen uns selbst, wenn wir einerseits behaupten, alle Menschen seien gleich, und andererseits von Leistungsgesellschaften sprechen. Der Mythos, dass Leistung Belohnung mit sich bringt, lässt anklingen, dass Menschen nur wertvoll sind, wenn sie etwas leisten. Was ist Leistung? Ist es Arbeit? Was heißt das für unbezahlte Arbeit? Was ist Lohn? Ist es Geld? Wie zeigen wir Anerkennung? Wie passt Erben da hinein?

Vermögen (ver-)erben zu können war ein Garant für Sicherheit in einer Gesellschaft, die keine Rechtsgleichheit hatte. Eigentlich sollte das mit der Abschaffung des Feudalismus erledigt sein. Die Demokratie ist das einzige Erbe, das wir schützen und mehren sollten. Nicht die Geburt und somit das Familiengefüge, sondern die Beteiligung all ihrer Mitglieder an der Gesellschaft durch Politik und Arbeit sollten regeln, wie Geld fließt.[8]

Wie wir darüber sprechen, hat direkte politische Konsequenzen. Es gibt Menschen, die sich mit ihren Geldsorgen ganz konkret um ihr Leben sorgen. Wieso regeln wir den Zugang zu würdevollem Leben durch Geld? Wer keinen Zugang zu Geld hat, hat schnell Hunger und kein Dach mehr über dem Kopf. Es ist mir ein Rätsel, warum unsere demokratische Gesellschaft zulässt, dass das passieren kann. Es ist eine Schande, dass die Strukturen jene Menschen, die wenig bis kein Geld haben, schikanieren und ihnen obendrein einreden, das sei ihre eigene Schuld. Arm sei nur, wer sich nicht anstrenge. Das ist eine dreiste Lüge. Gleich danach kommt die Lüge, dass Arbeit reich mache – ein leeres Versprechen. Alle Daten, die wir haben, sprechen dagegen. Ausnahmen sind nicht grundlos genau das: Ausnahmen. Wer nicht in den reichsten zehn Prozent der Gesellschaft ins Leben startet, wird mit allerhöchster Wahrscheinlichkeit nicht reich. Arbeit hin oder her.[9]

Die Zugänge zu Vermögen werden außerdem bewacht. Wer Vermögen hat, hat Status. Status muss man pflegen. Sobald genug Geld da ist, wird in diese Statuspflege investiert. Das ist nichts anderes als das stete Polieren für den scheinbaren Glanz. Auch das muss man sich leisten können. Kinder kommen in Privatschulen, man geht ins Theater und in die Oper – ohne öffentliches Geld wären diese Institutionen nicht zu erhalten. Steuern aus Arbeit fließen in diese Subventionierungen, damit die Reichsten dort ihr kulturelles Kapital[10] aufstocken können. Ohne dieses stehen auch ganz andere Türen nicht offen. Das hat mit Leistung nichts zu tun. Die Leistungsgesellschaft entwertet den Menschen, weil sie ihn bepreist. Die Vorstellung, dass Menschen nur durch Arbeit wertvoll sind, ist ebenso falsch wie hartnäckig.

Das Recht auf ein gutes Leben hat aber jeder Mensch, einfach so und durch seine Geburt. Dafür muss er nichts leisten. Dafür muss er nicht zahlen. Die politische Aufgabe lautet klar, dass die Strukturen so gemacht werden müssen, dass wir einander als Gesellschaft gegenseitig auf- und abfangen. Chancengleichheit ist kein Zustand, sondern ein Balanceakt, zu dem wir uns in einer Demokratie verpflichten. Aus Prinzip.

Meine Geldgeschichte

In einem Essay namens *If You're an Egalitarian, How Come You're So Rich?* von G. A. Cohen wird die titelgebende Frage besprochen: Warum bist du so reich, wenn du für Gleichberechtigung bist? Als ich ihn das erste Mal las, hatte ich gerade erfahren, dass ich eine Erbschaft im zweistelligen Millionenbereich erhalten würde. Ich war ertappt. Cohen legt dar, dass Gerechtigkeit Staatssache ist, weil nur der Staat das Recht herstellen kann.[11] Alles andere wäre Selbstjustiz und würde bedeuten, dass die Person denkt, ihr Urteil sei mehr wert als das Urteil, das in einem Prozess gefällt wird. Vor allem aber werden zwei grundverschiedene Fragen einander gegenübergestellt:[12] Was verlangt Gerechtigkeit Individuen in einer gerechten Gesellschaft ab? & Was verlangt Gerechtigkeit Individuen in einer *ungerechten* Gesellschaft ab?

Es geht darum, jenen auf den Zahn zu fühlen, die sich in einer ungerechten Gesellschaft nicht für Gerechtigkeit einsetzen, besonders, wenn sie reich sind. Nicht das Haben oder Erhalten von Geld, sondern das Behalten wird hinterfragt.[13] Warum wird nicht geteilt? Es geht nicht darum zu moralisieren, sondern das Problem der Akrasia[14] wird aufgemacht. Akrasia bedeutet, dass ein Mensch das eine glaubt und das andere tut. Es geht um Widersprüche im weitesten Sinne. Cohen sagt, es ist sehr einfach, an eine Sache zu glauben und eine dem entgegengesetzte Handlung auszuführen. Schwierig wird es erst, wenn man das vereinbaren will. Cohen fragt im Prinzip, wie es sein kann, dass Menschen mit Vermögen nicht weggeben, was sie nicht brauchen, wenn sie an eine gerechte Gesellschaft glauben, ohne einen moralischen Konflikt zu spüren.

Der Essay bleibt offen, Cohen gibt keine Antwort. Alle gängigen Argumentationsversuche von Überreichen werden aber anhand von logischen Analysen überprüft, und deren Widersprüche werden aufgezeigt. Die Fragen zur Rolle der Einzelnen im Staat als Teile des Staats und der Gesellschaft beschäftigen mich. Als ich den Essay lese, denke ich: Mein *Vermögen* beschreibt mein Dilemma von *Haben & Sein* anhand von *Können, Wollen* und *Sollen*. Mein Geld ist nicht nur Geld, mein Geld kann mehr, denn es ist mehr – es ist *zu viel* mehr.

Das bedeutet, ein Teil dieses Geldes ist dafür da, dass ich mich versorgen und am gesellschaftlichen Leben teilhaben kann. Aber der Teil, den ich nicht haben muss, weil ich ihn brauche, ermöglicht mir alles: Ich kann sein, was ich habe, wenn ich will. In einer lebendigen Öffentlichkeit muss debattiert werden, ob so ein Vermögen bei wenigen Einzelnen gebündelt sein darf. Dazu braucht es politische Verteilungsdebatten und -prozesse, mitunter im Kontext von Steuern und Arbeit. Arbeit ist auch Ausdruck von Teilhabe an der Gesellschaft durch Tätigkeit – ein Wunsch, den die allermeisten Menschen haben.[15]

Wenn Arbeit allerdings nur noch dazu dienen soll, Existenz zu sichern, und nicht unbedingt Teilhabe ermöglicht, dann wird aus der Arbeitswelt eine Kulisse für ein Macht-Theater und Geld ist der Text. In meinem Fall bedeutet es, dass mein freier Umgang mit meinem Vermögen automatisch politische Arbeit ist. Daher bin ich aktiv in die Öffentlichkeit gegangen. Nur dort kann meine Geldgeschichte als Beispiel verhandelt werden und helfen, eine gerechtere Geldgesellschaft zu gestalten.

Ich habe nicht nur eine Geldgeschichte. Sie ist mit allem verstrickt, was ich mache und das Reden ist immer der erste Schritt. Geld prägt meine Familie mehr als umgekehrt. Es gäbe mich ohne dieses Geld nicht. Dass Geld-Gespräche in Familien wie meinen geführt werden, ist also wichtig und ein Lernprozess. Ich spreche mehr und öfter über Geld und lerne, was alle Privilegierten lernen müssen: mehr zuhören, mehr nachfragen. Wenn Überreichtum im privaten und öffentlichen Raum unbesprochen bleibt, betrifft das eben nicht nur die überreiche Person. Die Macht, um die es geht, ist zu groß. Die Frage lautet nicht nur: Wo kommt das Geld eigentlich her? Sondern auch: Wo und wie wirkt das Geld momentan?

Zu meiner Geldgeschichte gehört, dass zwei große Unternehmen genannt werden, BASF und Boehringer Mannheim. Das eine war bis zur Jahrhundertwende in Familienbesitz und das andere im fliegenden Wechsel danach. Beide schaffen es gut durch den zweiten Weltkrieg. Kein Mensch fragt, wie. Immer dieses Schweigen und die unausgesprochenen Regeln – oberstes Gebot: nach außen den Schein waren.

Zu meiner Geldgeschichte gehört, dass Anteile an einem Fonds übertragen werden und auf ein Depot- statt auf ein Girokonto wandern, weil angelegtes Geld eine eigene Sorte Konto hat. Ich weiß nichts darüber, was in diesem Fonds zusammengebraut wurde. Trübe Suppe – ich sehe nicht, wer in welchen Unternehmen zu welchen Bedingungen dafür arbeitet, dass ich Geld habe, das einfach mehr wird. Ich bleibe auch hier blind für die Frage, woher das Geld kommt. Es war ja da, es ist ja da, es wird ja mehr. So legt sich über das *Woher?* ein *Wo liegt's?* Nur, eigentlich lautet die Frage: Wessen Arbeit erschafft meine Rendite? Als die Frage endlich aufkommt, suche ich wieder das Gespräch, diesmal mit sämtlichen Berater:innen, irgendwer muss es wissen.

Ich denke, es ist wichtig, dass Überreichtum als genau das benannt werden kann, was er ist. Dass ich die Geldsprachen zu entlarven lerne, die mich umgeben. Dass ich weiß, Geldgeschichten sind Vermögensgeschichten, also Machtgeschichten; sie sind keine Unvermögens-, also Armuts- oder Ohnmachtsgeschichten. Und eine Geschichte reicht nicht. Das Immer-und-immer-wieder-Erzählen ist nötig. Nur so entwickeln sich die Fragen weiter. Für die Übergangsphase zur gerechten Verteilung. Auf der individuellen Ebene: Wie können wir haben und teilen, vielleicht am Finanzmarkt, aber nur in

Anlagen, die wirklich geprüft werden, transparent sind und nicht nur auf *ethisch* und auf *gut* tun? Wie lässt sich Geld so rückverteilen, dass es respektvoll in die Gesellschaft gelangt, aus der es kommt, wenn es keine Steuern darauf gibt? Wie sollte sich das Kaufverhalten verändern? Kann Steueroptimierung auch heißen, möglichst viele Steuern zu zahlen: *tax positivity?*

Diese Fragen führen nicht an demokratischen Lösungen und gerechter Steuerpolitik vorbei, sie ersetzen diese nämlich nicht. Es sind eher Überbrückungskredite. Ich würde sagen, die Glaubenssätze der Überreichen sind das Hüpfen auf der Stelle vor dem Spalt, der sich zwischen ihnen und den anderen, also zwischen zwei unterschiedlichen *Wirs* auftut. Damit aus diesen aber ein diverses und ganzes *Wir* werden kann, müssen wir Überreichen auch selbst daran arbeiten, den Spalt gemeinsam zu schließen. Um mit den Mythen aus der feudalen Zeit samt ihrer gottgegebenen Ordnung zu brechen, braucht es eine Erzählung, die stattdessen greift. Sie sollte bei dieser Frage ansetzen: Wollen wir Geld und Macht teilen oder die Gesellschaft spalten?

Geteilte Welten

Sich der geteilten Welten bewusst zu werden, hat lange gedauert und wird keinen Abschluss finden. Der Beginn ist ein individueller Gedankengang, aber er will ins Gemeinsame. Dafür braucht es eine andere Beziehungsebene. Politik ist die Beziehungsarbeit, die auf der Gesellschaftsebene geleistet wird, wo Menschen einander nicht selbstverständlich begegnen. Die offene Begegnung ist schwer, Medien werden zwischengestaltet, die Kommunikation bekommt eine Choreografie. Es wird also zu einer Frage der Darstellung. Wichtiger wäre die ehrliche Benennung und Beschreibung.

Wir verstehen einander nicht deshalb nicht, weil wir uns nicht darauf einig würden, wie es Geld gibt. Sondern die Vermögensrealitäten sind so verschieden, dass andere Welten nicht wirklich vorstellbar sind. Das macht grundverschiedene Beziehungen, die man zu Geld haben kann, unnachvollziehbar. Es braucht einen öffentlichen Diskurs, in dem wir das Reden üben können. Aber er sollte von konkreten politischen Maßnahmen begleitet werden, die für Gerechtigkeit sorgen. So ließe sich ein Prozess entwickeln, der sich eignet, die Unterschiede zu beschreiben, um sie zu verstehen, nicht um sie zu werten. Das Ziel von Verständnis ist Augenhöhe. Die Konsequenz ist die faktische Abschaffung von Ungleichheit.

Zwischen den Zeilen

Geld existiert in unserer Gesellschaft bereits. Wir sind schon mitten im Text. Wessen individuelle Bedürfnisse Vorrang haben, darf nicht gegen die gemeinsame Gestaltung des sozialpolitischen Umgangs mit Geld ausgespielt werden. Es braucht in meinen Augen den Austausch über die Strukturen und das Sprechen über Geld, um vom *Entweder-Oder* wegzukommen. Denn es geht um das soziale Verantwortungsfeld. Wenn dieses über Geld gestaltet, aber finanziell dereguliert ist, wird Macht maßlos. Dadurch wird trotz Demokratie und Rechtsstaat die Frage der Rechenschaftspflicht umgangen. Privater Überreichtum ist strukturell an kollektives Prekariat und Armut gebunden. Man wird sie nur gemeinsam los. Wer also von individueller Verantwortung bei Überreichtum spricht, verschweigt, dass damit die gesellschaftliche Machtfrage kaschiert wird.

Überreiche Menschen glauben oft, sie stünden in der Mitte der Gesellschaft, an der Spitze wähnen sich die Erfolgreichen,[16] aber sie sind alle nur Randerscheinungen. Sie gehören nicht zur großen Mehrheit in der Mitte, auch wenn sie es sich noch so sehr einbilden.[17] Und arme Menschen werden strukturell an den anderen Rand gedrängt, egal, wie sehr sie sich bemühen. Hier entstehen zwei Pole und ein Spannungsfeld dazwischen: Das *Genug* des Wohlstands für alle steckt irgendwo zwischen dem *Zuwenig* der Armut und dem *Zuviel* des Überreichtums, wie Martin Schürz ihn im gleichnamigen Buch beschreibt.[18]

Wir haben eine Geldgrenze, die zeigt: Wer weniger als das hat, ist arm. Nach oben hin fehlt diese Grenze. Wer darf entscheiden, was überreich ist? In einer Gesellschaft, die gemeinsam am Wohlstand arbeitet, weil wir alle ins Geldsystem eingebettet sind, muss das öffentlich besprochen werden. Dafür gibt es in einer repräsentativen Demokratie das Parlament – die Gesellschaft soll sich dort verhältnismäßig wiederfinden. Die Interessen aller sollen so gut wie möglich in die Entscheidungen einfließen. Diskussionen gelingen nicht, wenn unklar ist, wovon ausgegangen wird. Selbstverständlichkeiten entpuppen sich bei näherem Hinsehen als Mogelpackung. Sie sind vermeintlich selbstverständlich.

Die Klarheit darüber, was der Fall ist, fehlt, wenn wir nicht beschreiben, was es gibt. Ohne es zu werten. Es gibt Armut, es gibt Überreichtum. Beide sind Probleme. Wenn wir werten, dann übertragen wir das auf die betroffenen Menschen. Arme Menschen sind nicht schlecht, nur weil wir Armut schlecht finden. Reiche Menschen sind nicht gut, nur weil wir Reichtum gut finden. Wenn wir uns aber nicht einmal auf der persönlichen Ebene darüber austauschen können, ohne mit Wertungen und Vorurteilen konfrontiert zu werden, kann auch kein Verständnis für die unterschiedlichen gesellschaftlichen Realitäten entstehen, die jeweils dahinterstecken.[19] Und dann haben wir das Problem zwar bewertet, aber nicht gelöst.

Ich werde keine konkreten verteilungspolitischen Modelle der Um- und Rückverteilung von Landbesitz, Macht und Vermögen besprechen. Mir geht es ums Miteinander-Reden; privat, aber auch öffentlich. Es gibt zwar hier und da Gespräche über Geld, aber oft ohne klaren sprachlichen Rahmen. Es fallen Sätze aus den Kategorien „Wie soll ich sagen?" und „Weißt du, (was ich meine)?" Vieles bleibt zwischen den Zeilen hängen, begleitet vom Wunsch, dass die andere Person es auch ohne Worte verstehen möge. Und wenn sie eine ähnliche Realität kennt, wird sie das mit höherer Wahrscheinlichkeit. Das gilt auch für strukturelle Bezüge: „Wenn verglichen wird, dann in sozial nahen Referenzgruppen."[20]

Wir brauchen aber die Möglichkeit, das ganz Fremde zu erfassen. Realitäten, die um Welten auseinanderliegen, brauchen eine Sprache, die allen das Mitreden ermöglicht. Das Reden allein reicht nicht, das ganze Drumherum muss stimmen. Das merke ich sofort, als ich kopflos anfange, über mein Geld zu sprechen.

Das erste Mal

Mein erstes Mal lief so: Mich hat es geschüttelt, ich bin buchstäblich im Sessel zusammengeklappt und war verkrampft bis zum Magenumdrehen, als ich das erste Mal mein Geld außerhalb der Familie ansprach. Mehrere Millionen erben – jede Silbe ein gepresstes Gestotter. Eine lächerliche Szene eigentlich. Aber ich hätte es tatsächlich fast nicht über die Lippen gebracht. Es fielen sogar die Worte: „Spuck's aus!"

Inzwischen habe ich Übung, aber es bleibt eine Überwindung. Warum? Als dieses Erbe angekündigt wurde, zeigte sich ein innerer Konflikt: Ich musste über Geld reden, denn ich durfte über Geld nicht reden. Das Schweigen über das Familiengeld hatte meine Weltsicht verklärt. Mit einem Erbe kommt keine Bedienungsanleitung. Ich wurde nicht in die Finanzkompetenz geboren. Wie man mit Vermögen umgeht, verrät einem kein Mensch. Es herrscht die stille Annahme, dass man einfach dankbar sein sollte, andere hätten das Glück nicht etc. Mein Bezug zu diesem Erb-Geld war emotional sehr stark aufgeladen, obwohl ich fürs Erben nichts kann. Scham und Schuld sind soziale Gefühle, die dazu beitragen, das Miteinander zu regulieren. Dass sie beim Überreichtum auftreten, zeigt, dass eine soziale Grenze überschritten wurde.

Bei mir kamen die unangenehmen Gefühle mit der Tatsache, dass ich mir nicht mehr vormachen konnte, zu welcher Realität ich gehöre und zu welcher nicht. Egal wie bequem Zugang zu Vermögen ist, als er sich konkret zeigen sollte, konnte ich nicht mehr leugnen, wie fremd mir die Welt von 99 Prozent der Gesellschaft ist. Überreichtum ist unsozial – dieser Satz ist keine Wertung, sondern er beschreibt, dass Einzelne durch Überreichtum in ein Extrem kippen, das nicht für alle gelten kann – und das allein macht Überreichtum und seine dynastische Weitergabe in einer demokratischen Gesellschaft mit Rechtsgleichheit ungerecht. Überreichtum ist ein Problem, das als solches anerkannt werden muss.

So über Überreichtum zu sprechen, ist eine Entscheidung für das Miteinander und gegen das Abschotten in elitären Kreisen und privaten Klubs. Reiche Menschen können sich sehr bequeme Vermeidungsstrategien leisten.[21] Vermieden wird jeglicher Austausch. Sprechen ist genau das; ein Auseinandersetzen mit Beziehungen und Gefühlen, die ich gleichzeitig privat in meinem Umfeld und öffentlich als Teil der Gesellschaft erlebe. Das ist nicht einfach. Welche Rolle spielt Geld in diesem sozialen Gefüge? Auf welche Art und Weise ist Geld politisch?

Schürz schreibt: „Die moderne Gesellschaft kennt ihrem Selbstverständnis nach keine ständischen Vorrechte."[22] Aber Geburt ist der wichtigste Geld-Faktor,[23] obwohl sie das nicht sein sollte. Die Beschreibung unserer Gesellschaft deckt sich dadurch aber nicht mit der Beschreibung einer Demokratie. Eher mit feudalen Herrschaftsverhältnissen. Das Gewicht einer Stimme darf in einer Demokratie nicht ans Konto geknüpft sein. Aber das ist der Fall, wenn Einfluss an Geld geknüpft ist. Überreiche haben grundsätzlich Macht und unendlich viel mehr Möglichkeiten, ganz unabhängig davon, ob und wie sie diese Macht nutzen. Diese politische Ungleichheit darf in einer Demokratie nicht sein.[24]

Hier zeigt der Mythos heimlich sein wahres Gesicht. Um ihn zu erkennen, braucht es die Frage nach der Herkunft von Vermögen. Wir fragen uns, ob jemand verdient oder unverdient reich geworden ist. Mitgemeint ist dann aber, dass man auch verdienterweise arm sein kann. Eigentlich sollte ein Mensch in einer Demokratie weder arm noch überreich sein, weil beides unverdient ist.

> Auch der Begriff des Selfmade-Millionärs knüpft ideologisch an diese Vorstellung an. Doch am Überreichtum ist wenig selbst gemacht. Staat und Gesellschaft schaffen die Rahmenbedingungen. [...] Vermögen

verdeckt die Form seiner Entstehung. [...] Steueroasen und undurchsichtige Unternehmensverflechtungen erschweren die Identifizierung der Genese von Reichtum.[25]

Über Geld spricht man nicht, Geld hat man. Wir ziehen auch beim Sprechen über Geld Grenzen des Sagbaren. Sie sind sehr eng gesteckt, schnell überschritten und dann wird's schwierig, *sachlich zu bleiben*. Wenn nämlich eine Geldsprache, geprägt von *selbstverständlichem* Überfluss, auf eine Geldsprache trifft, die von *selbstverständlichem* Mangel geprägt ist, kann die Kommunikation nicht gelingen. Wir verstehen einander nicht. Wir sind einander geldfremd.

Was ist eine Million?

Unvorstellbar.

Schnell weg.

Eine der beiden Antworten wird beim Lesen vermutlich näher liegen als die andere. Bei mir ist es: *Schnell weg*. Eigentlich ein Schlag ins Gesicht für alle Menschen, die nicht locker ein Vermögen zusammensparen können oder Geld einfach so übrig haben für den Finanzmarkt. Nur ein Mensch mit Vermögen kann so etwas behaupten. Denn Vermögen bedeutet auch Deutungshoheit, eine ganz besondere Form von Macht.

Die Sicht der Vermögenden auf die Dinge wird mit einer Selbstverständlichkeit in der Öffentlichkeit vertreten, die eigentlich gar keine ist. Warum widerspricht niemand? Die vermeintliche Selbstverständlichkeit der Realität der reichsten zehn Prozent der Gesellschaft spricht den anderen 90 Prozent die Lebensrealität ab. Es wird dabei nämlich nicht die Selbstverständlichkeit dessen, was Geld ist, in der Öffentlichkeit präsentiert. Sondern es ist die vermeintliche Selbstverständlichkeit dessen, welche Beziehung manche Menschen zu Geld haben. Also dessen, was Geld für Menschen mit gesichertem Zugang zu Geld ist: Vermögen. Was Geld sein könnte, weil es nicht ausgegeben werden muss.

In den Medien werden diese reichsten zehn Prozent in ihrer Weltsicht überrepräsentiert. „Die Medienelite ist zusammen mit der Justizelite die zweitexklusivste nach der Wirtschaftselite", so der Elitenforscher Michael Hartmann.[26] Privilegierte Menschen zeichnen damit das Bild der Welt, der Politik, der Wirtschaft. Das prägt die Realität aller Menschen. Und erschwert eine sinnvolle öffentliche Debatte, egal worüber. Die „unteren" 90 Prozent werden ausgeklammert, aber sie zählen. Sie müssten selbstverständlich selbst sprechen und erzählen dürfen, statt dass über sie gesprochen wird. Und Überreichtum gehört kritisch besprochen und analysiert, anstatt einfach hingenommen und eingeladen zu werden. Das ist die Aufgabe einer aufgeklärten Medienwelt.

Die extreme Konzentration von Vermögen bei einem Prozent der Bevölkerung sollte ein wesentlicher Gegenstand der Berichterstattung sein. Ansonsten können wir das gesellschafts- und demokratiepolitische Problem, das dieser Ungleichverteilung zugrunde liegt, nicht analysieren. Geld ist nicht nur hochpolitisch, sondern auch sehr emotional – und beides füttert den Unwillen zur Auseinandersetzung.[27]

Tatsächlich zeigt sich außerdem, dass demokratische Teilhabe und Vermögen zusammenhängen.[28] Je reicher sie sind, umso eher bringen sich Menschen ein. Nicht, weil reiche Menschen gebildeter und demokratischer wären. Sie sind einfach in einem sich selbst verstärkenden System unterwegs. Sie erfahren, dass man sie in den Parlamenten repräsentiert. Sie werden gehört und gesehen, ihre Vorstellungen von der Welt werden übernommen. Hinzu kommt, dass in der Politik eher das umgesetzt wird, was den Vorstellungen jener entspricht, die ohnehin fein raus sind.[29] Der Zugang zum öffentlichen Leben ist für die reichsten zehn Prozent leichter und bequemer. Aber ein Prozent der Bevölkerung kann vor allem auch eines: zahlen. Politik sollte eigentlich nicht käuflich sein. Solange Geld das Nonplusultra ist, überrascht es niemanden, dass alle alles dafür tun, mehr davon zu haben. Korruption ist in dieser Logik nur der Beweis für wirtschaftliche Vernunft. Geld ist das Schmiermittel, das zu den politischen Ergebnissen führt, die eigentlich einen politischen Prozess durchlaufen müssen. Die Beziehungsarbeit im Parlament zu überspringen können sich nur die leisten, die teure Lobby-Arbeit bezahlen können. Gesetzgebung wird damit eine Frage privater Vermögen.

Und wer hat den Zugang zu Vermögen? Wenn es um Macht geht, steht es strukturell schlecht für Gruppen, die von Vermögen ferngehalten werden. Es gibt komplexe intersektionale Verschränkungen, die wichtig sind. Wenn man sich Vermögende genau ansieht, zeigt sich schnell ein Muster. Überreichtum liegt in den Händen *weißer,* großteils cis-männlicher Menschen mit akademischem Titel und einem Pass aus dem globalen Norden.[30]

Das Geld, die Ressourcen und die Macht liegen also vorwiegend bei einer ganz bestimmten Gruppe. Ohne das werten zu wollen, bleibt es wichtig, es mit aller Klarheit zu beschreiben, weil es um eine Struktur geht. Sie hat sich entwickelt. Es hat nicht eines Tages ein Mensch das Licht angeknipst und hoppla: Neoliberalismus, Kapitalismus, Patriarchat etc. waren einfach da. Das System ist von Menschen gemacht, aber nicht von allen. Und wenn ich mir anschaue, wer überwiegend an der Gestaltung unseres Systems beteiligt war, sehe ich vorwiegend alte, *weiße* Herren mit Zugang zu Vermögen oder Klassenprivilegien. Sie haben sich die Strukturen so gebaut, dass sie sich darin gut bewegen können, weil sie ihre eigenen Realitäten dabei im Blick hatten. Nicht aus bösem Willen, sondern ganz *selbstverständlich*.

Worum geht es, wenn nicht um Schuldzuweisungen? Es geht um die Beschreibung dessen, was der Fall ist. So auch beim Geld: Wir haben ein System und wissen, wessen Perspektive es maßgeblich prägt. Es geht nicht um gut/schlecht oder richtig/falsch, sondern darum, wie es wirkt. Das Wissen braucht es, um gemeinsam das System zu ändern. Und zwar so, dass alle Gruppen repräsentiert und die Ressourcen gerecht verteilt sind. Utopisch? Mag sein, aber wer sich nichts wünscht, dem kann man nichts erfüllen – die gerechte Welt sollte Ziel aller politischen Mühen sein. Es wird viel Beziehungsarbeit brauchen, bis die Menschen, die bisher strukturell von Macht und Vermögen ausgeschlossen waren, sich wirklich zu ihren Bedingungen einbringen können. Diese Beziehungsarbeit abzulehnen oder gar zu verhindern ist selbstgerecht und undemokratisch.

Überreiche Menschen wie ich müssen anerkennen, dass ihre Privilegien aus Prinzip ein Unrecht sind. Jedes Vorrecht – und nichts anderes sind Privilegien – ist Unrecht. Es gibt keinen Grund dafür, dass ein Mensch einem anderen Menschen in Rechtsfragen übergeordnet sein soll. Wie wichtig die Abschaffung von Privilegien ist, zeigt sich gut in einem Satz von Eula Biss: „Niemand versteht das Prinzip der Privilegiertheit besser als Leute, auf die es nicht zutrifft."[31] In einer finanzialisierten Welt werden die Zugänge zur gesellschaftlichen Teilhabe über Geld geregelt. Es gibt zwei Möglichkeiten: Alle zahlen Steuern, also dürfen alle an öffentlicher Infrastruktur teilhaben; das ist die inklusive Variante. Oder aber Zugänge zu Infrastruktur werden privatisiert, was Menschen anhand ihres Vermögens aussortiert; das ist die exklusive Variante.

Demokratie ist Beziehungsarbeit

Das politische Ideal des globalen Nordens ist eigentlich der transparente demokratische Weg. Aber Demokratie kann nicht *von oben* kommen, sie kann nicht verordnet und nicht gekauft werden, sondern bedeutet Arbeit am Gemeinsamen, das dann zur demokratischen, öffentlichen Gesellschaft wird. Und das wiederum bedeutet, dass alle eingebunden werden müssen, und zwar so, dass es das Projekt aller ist. Eine Stimme pro Nase statt pro Euro bedeutet, alle müssen an allem mitarbeiten dürfen.

Der Mensch ist ein Beziehungswesen, wenig kann er so gut, wie komplexe Beziehungen herzustellen und zu führen. Nur, bei der Pflege gibt es keine Abkürzung. Darum zeigen Machtspiele in einer Beziehung gut, inwiefern sich gerade die vermeintlich mächtigere Person aus der Pflicht nimmt. Welche Strukturen begünstigen ein Machtgefälle? Welches Verhalten zeigt sich immer wieder und kann auf Fehler im System hinweisen? Geld ist fast immer ein Teil solcher Machtgefälle, seine Gewalt ist vielschichtig, unser Privilegiensystem begünstigt das. Marie von Ebner-Eschenbach schrieb dazu: „Das Recht des Stärkeren ist das stärkste Unrecht."[32]

Die Demokratie ist eine Herrschaftsform, die von solchen Machtgefällen befreien kann. Karl Jaspers spricht in seiner Rede *Wahrheit, Freiheit und Friede* davon, welche Bedingungen es dafür, besonders in Republiken, braucht. Er erklärt, dass wir nicht frei sein können, wenn wir die Demokratie Wirtschaftsinteressen und manipulativen Politiker:innen unterordnen.[33] Er entlarvt damit indirekt Geld als eine Herrschaftsform und bezeichnet dessen steuernden Charakter. Es kann aber nur eine Herrschaftsform in der Gesellschaft geben, zwei gleichzeitig wirkende stehen unweigerlich im Konflikt; so auch der Geldadel und die Demokratie. Wer herrscht im hohen Haus?

Wer sich einbildet, ohne demokratischen Auftrag bestimmen zu dürfen, hört auf, politische Beziehungen auf Augenhöhe zu führen. Meinungs- und Versammlungsfreiheit sind Grundrechte der Demokratie, die genau den öffentlichen Austausch, also Beziehungsarbeit in Übergröße, erlauben. Vermögen torpediert diese Arbeit, weil es sich das Ergebnis kaufen will, ohne den demokratischen Prozess durchzumachen.

Macht ist ein politisches Instrument, das demokratisch verwendet werden kann. Sobald sie ihre Legitimation verliert, kippt sie in Unterdrückung oder Gewalt. Machtmissbrauch beschreibt einen Versuch der Kontrolle des Unverfügbaren. Ein Mittel dazu ist Geld, aber Beziehungen sind unverfügbar, Gemeinschaft ist unverfügbar. Man kann Menschen zu Handlungen zwingen. Aber Beziehungsfaktoren wie Respekt und Mitgefühl lassen sich nicht über Angst, Unterdrückung, Geld oder Gewalt erhalten. Auch sie sind unverfügbar. Sie entstehen auf der individuellen Ebene nur in einer ehrlich geführten Beziehung. Auf Augenhöhe. Es gibt sie nur, wenn wir sie geben.

Auf der strukturellen Ebene braucht es dafür Gleichberechtigung im politischen und auch rechtlichen Sinne, das heißt, es braucht eine Staatsform, die sicherstellt, dass die Macht so verteilt ist, dass der Schaden, den ihr Missbrauch anrichten kann, so klein wie möglich gehalten wird. Und das betrifft auch die Verteilungsfrage. Auch Hannah Arendt schreibt von Gleichheit als politischer Bedingung für Freiheit:

> [Die] öffentliche Freiheit ist eine handfeste lebensweltliche Realität, geschaffen von Menschen, um in der Öffentlichkeit gemeinsam Freude zu haben – um von anderen gesehen, gehört, erkannt und erinnert zu werden. Und diese Art von Freiheit erfordert Gleichheit, sie ist nur unter seinesgleichen möglich. Institutio-

nell gesehen ist sie allein in einer Republik
möglich, die keine Untertanen und, streng
genommen, auch keine Herrscher kennt.[34]

Politik ist Beziehungsarbeit auf der höchsten Stufe.
Macht, die zur Unterdrückung dient, ist (mehr oder
weniger verschleierte) Gewalt. Geld ist ein wirksames
Instrument zur Verhinderung von Gleichberechtigung.
Das schließt Augenhöhe aus. Aber ein erzwungenes
Beziehungsergebnis ist Verrat an der Beziehung selbst.
Geld als Machtmittel arbeitet in den Händen der Weni-
gen mit der Vorstellungskraft der Vielen gegen diese.
Aber der Kaiser ist nackt.

Geld ist in der Beziehungskiste

In *Das Geld* knüpft Eske Bockelmann Geld als Meta-Ding
an Wert.[35] Er kritisiert, dass Marx es an die Arbeit bin-
det.[36] Mir greift beides zu kurz. Beim Lesen merke ich:
Mein Verständnis von Geld an und für sich wird erst zu
einem Ganzen, wenn es auch an Beziehung geknüpft
wird. Das gilt für Arbeit und Wert – beide entstehen in
einem Beziehungsgefüge. Für mich ist dieses Gefüge die
Gesellschaft und daher spielt sie auch eine große Rolle
für mein Verständnis von Geld. Ich behaupte, Menschen
sind prinzipiell daran interessiert, sich miteinander
auszutauschen und einzubringen. Wer will nicht den
eigenen Wert bestätigt sehen? Wer will sich nicht am

gesellschaftlichen Zusammenleben beteiligen, mitunter durch Arbeit? Der Wert des Menschen lässt sich nicht in Geld messen, denn der Mensch ist keine Ware. Die Versorgung, die ein Mensch braucht, um ein gutes Leben zu führen, wird mit Geld bezahlt. Aber nicht nur. Ein lebenswertes Leben besteht nicht nur aus der korrekten Tageszufuhr an Kalorien und Nährstoffen bei ausreichender Bewegung, Frischluft und der richtigen Zimmertemperatur – all das gibt es in Warenform und lässt sich mit Geld bezahlen. Es braucht aber auch andere Menschen und unsere Beziehungen zu ihnen. Und diese Versorgung lässt sich nicht bezahlen.

Wir bilden nicht grundlos Gruppen und schließen uns zu Gemeinschaften zusammen. Große Gesellschaften sind nicht Ergebnis eines einmaligen Beschlusses, sondern ein Prozess, der sich immer weiterentwickelt. Eine Gesellschaft bleibt nicht statisch. Die Beziehungen der Menschen, aus denen die Gesellschaft besteht, ändern sich mit der Zeit. Diese Entwicklung gelingt nur, wenn wir uns durch Beziehungsarbeit und vor allem viel Reden die Gesellschaft basteln, zu der wir gehören wollen. In unserer Welt ist Selbstwertgefühl an Geld geknüpft, wie alles andere auch. Wir sollten die gesellschaftliche Beziehungskiste öffnen und schauen, in welcher Ecke sich das Geld versteckt.

Beziehungen gestalten sich bekanntermaßen ganz stark auf der emotionalen Ebene. Angst und Unsicherheit eigenen sich sehr gut dafür, eine Beziehung zu steuern. Gewalt in ihrer Abgrenzung zu Macht, wie Hannah Arendt erklärt, spielt dabei eine wichtige Rolle.[37] Macht entsteht gesellschaftlich und hat politische Legitimität. Gewalt kommt zum Einsatz, wenn Macht verloren geht, sie allein kann allerdings keine Macht herstellen, bloß Angst als Unterdrückungsmittel in der gesellschaftlichen Beziehung. In Bezug auf Geld bedeutet das: Jene, deren Herrschaft nicht legitim ist, weil die Gesellschaft ihnen keine Macht aktiv übertragen hat, brauchen Gewalt, um ihren Willen durchzusetzen. Vermögende herrschen durch die Hintertür, indem sie Einfluss auf alle Prozesse nehmen, die sie mit Geld bedienen können. Dafür braucht es ein System, das dies erlaubt: die deregulierte Finanzialisierung der Welt ermöglicht, mit Vermögen subtile Gewalt als Mittel in der Machtfrage einzusetzen.

Geld ist weder gut noch schlecht; Geld ist ein Mittel. Es kann im Kontext von Versorgung verwendet werden – in unserer Gesellschaft regelt es auch politische Beziehungen. Sobald Geld aber dazu dient, gewissen Menschen Vorteile und Vorrechte zu sichern, die sie eigentlich nicht haben dürften, bringt das Konflikte. Wer darf ein Vorrecht haben? Eine absurde Frage, die wir streichen sollten, denn Vorrecht ist Unrecht. Es beschreibt das Gegenteil von Gleichberechtigung. Weder Rechtsstaat noch Gesetzgebung sollten jemanden bevorzugen.

Die meisten Verfassungen sind sich einig, dass das nicht Teil unserer Gesellschaft sein kann, sondern dass alle Zugang zum Recht haben, gleichermaßen. In Artikel 7 (1) der österreichischen Bundesverfassung steht: „Alle Staatsbürger sind vor dem Gesetz gleich. Vorrechte der Geburt, des Geschlechtes, des Standes, der Klasse und des Bekenntnisses sind ausgeschlossen." Eigentlich.

An & für sich

Es gibt sehr viel Literatur, viele große Versuche, den Satz „Geld ist ...“ zu vervollständigen. Die letztgültige Aussage darüber, was Geld ist, habe ich nicht gefunden. Vermutlich ist es wichtig, Geld nicht als ein objektives Allgemeines zu betrachten. Geld hat eine sehr praktische und eine sehr theoretische Seite. Ich halte Geld für zu komplex für einen einzelnen Interpretationsansatz, und mich interessiert der politische mehr als der ökonomische, auch wenn sie nicht sauber zu trennen sind. In unserer Gesellschaft hat jede Person mit Geld zu tun, irgendwie. Das heißt auch, dass Geld zu einer ganzen Menge unterschiedlicher Realitäten gehört. Manches kenne ich, vieles nicht. Ich will nicht behaupten, all diese Realitäten einfangen zu können. Für die meisten

Menschen ist Geld keine philosophische, theoretische Spielerei, sondern ganz konkret eine Frage von Haben und Nichthaben. Und das ist nicht selten ein eigenes schwieriges Thema mit einem Rattenschwanz an weiteren Problemen. Geldsorgen kommen selten allein. Darüber kann ich aber nicht schreiben. Ich will eher versuchen zu schauen, was ich in meiner Erfahrung und dank vieler Gespräche überall an Gemeinsamkeiten finde. Und das ist dieses komische Nicht-wirklich-oder-dann-doch-vielleicht-lieber-gar-nicht-offen-über-Geld-Reden.

Im Schreibprozess erzählt mir eine Frau, die sich neben ihrer Lohnarbeit auch um einen Haushalt einer reichen Familie kümmert, es gebe nur zwei wirklich relevante Kategorien, wenn es um Geld geht: Hast du's oder hast du's nicht? Es spaltet das, was Geld werden kann, in die konkreten (Essen, Dach über dem Kopf etc.) und die abstrakten Dinge (Kredite, Zugänge zu Institutionen etc.). Geld wird damit zwar nicht an und für sich beschrieben. Aber es wird im Rahmen seiner Möglichkeiten und seiner unmittelbaren Bedeutung sehr klar eingeteilt. Dabei ist Haben immer besser als Nichthaben. Und diese Konsequenz schwingt nur mit, weil wir irgendwie wissen, was Geld ist. Oder?

Vorstellungen im Umlauf

Meine Vorstellung von Geld gründet auf Annahmen. Im Podcast „Wohlstand für Alle" sprechen Ole Nymoen und Wolfgang M. Schmitt viel über Geld. Und zwar so, dass man es verstehen kann. In der ersten Folge geht es gleich um die Grundidee, an der auch ich mich orientieren werde. Man kann sich Geld so vorstellen: Der Staat hat die Gelddruckmaschinen, druckt das Geld, borgt es den Menschen, die im Staat leben und arbeiten und verlangt diese Schulden durch Steuern zurück. Dann verteilt er wieder, sammelt ein, verteilt, sammelt, usw. Man kann sich Geld auch so vorstellen: Menschen tauschen Dinge, man kann aber nicht immer Brot gegen Wolle tauschen, eine Person will vielleicht kein Brot, die andere will aber Wolle. Man einigt sich auf ein anderes Tauschmittel, das es so gut wie überall gibt, das man in kleinen Teilen herumtragen kann und das alle gern haben wollen, zum Beispiel Edelmetalle.

Die erste Vorstellung schaut sich Geld im gesellschaftlichen Kontext an, kreist also um den Staat als Voraussetzung für Geld und entspricht der Idee der *Chartalisten*. Die zweite Vorstellung bezieht sich vor allem auf die individuelle Tauschebene und versucht von dem Standpunkt aus zu erklären, warum es Geld gibt; sie entspricht der Idee der *Metallisten*. Beide beschreiben, was mit Geld passiert, wie es sich bewegt. Keine beschreibt in meinen Augen klar genug, was Geld ist oder wie es wirkt. Offenbar lässt sich Geld statisch nicht so gut erfassen. Es ist immer irgendwie unterwegs. Chartalisten setzen mit dem Geld auch dessen Verwaltungsapparat voraus, obwohl das die Entstehung von Geld auch nicht wirklich beschreibt. Geld gibt es, weil es den Staat gibt. Aber wie entsteht ein Staat? Hat das mit Nationen zu tun? Was war davor?

Konkret lässt sich runterbrechen: Geld kommt vom Staat, wird mittels der Zentralbanken gedruckt, an die Geldinstitute (zum Beispiel Privatbanken) verteilt, landet über Zahlungen und Kredite auf den Konten von Menschen, Organisationen und Unternehmen und wird letztendlich entweder ausgegeben: dann verwandelt sich Geld in Produkte und Dienstleistungen. Oder es wird geparkt – das ist dann Vermögen. Solange es sich jedoch bewegt, wird es besteuert. Es gibt privates und öffentliches Geld. Öffentliches fließt immer, privates Geld wirkt anders.

Der Geldfluss von den Banken über die Wirtschaft und Steuern ist theoretisch ein mehr oder weniger geschlossener Kreislauf. Der Staat schafft die Rahmenbedingungen dafür, dass Geld im Umlauf sein kann. Nur Geld, das ein Staat akzeptiert, ist eine Währung und wirkt. Und jede Geldbewegung wird besteuert. Aber was passiert mit Geld, das dem Fluss entzogen und privat geparkt wird? Warum wird es mehr? Es ist keine Materie, die sich aus sich selbst heraus vermehrt. Wir sprechen von sogenanntem Buchgeld, denn es ist nur aufgeschrieben. Es wird durch nichts Materielles gedeckt. Es existiert vorwiegend als ein System von Versprechen. Kapitalismus ist ein System aus Schulden (also Versprechen auf Zeit). Solange uneingelöste Versprechen herumschwirren, läuft das System. Wenn man die Bank um die Einlösung eines Versprechens bittet, muss sie das Geld hergeben. Wenn aber alle gleichzeitig ihr Geld wollen, können Banken nicht liefern, weil die gesamte Geldmenge nicht einfach in Tresoren darauf wartet, abgehoben zu werden. In so einer Situation zeigen sich die Versprechen als leer, weil sie *für morgen* sind. Aber wie kann es an Geld fehlen, wenn wir immer neues drucken können?

Glaubensfrage

Versprochenes Geld funktioniert als eine Art Glaubenssystem und das bildet eine stabile Gemeinschaft. Oder bildet die stabile Gemeinschaft das Glaubenssystem? In der finanzialisierten Welt sind wir stark voneinander abhängig, weil wir vom Geld abhängig sind, aber wir sind auch stark vom Geld abhängig, weil wir voneinander abhängig sind. Ein Glaubenssystem ist vor allem auch ein Machtsystem. Je nachdem, wer das System wie gestaltet, verwandelt sich die Antwort auf diese Fragen in ein Glaubens- und Machtproblem.

Der Kapitalismus wird bestimmt vom Diktat des Wachstums und vom Schuldensystem.[38] Mit Schulden kann man wie mit Geld bezahlen, es heißt Kredit. Kredit ist Latein und bedeutet: *Er glaubt.* Schulden werden zirkulationsfähig, weil wir daran glauben, dass es sie gibt und dass sie etwas wert sind. Sie versprechen einen zukünftigen Geldwert. An Geld glauben wir auf der Welt wie an kaum etwas anderes. Es wird bei Krediten mit Geld gehandelt, obwohl man dieses Geld nicht hat.

Man handelt mit Versprechen und die Wirtschaft funktioniert, weil sie sich darauf verlässt, dass Buchgeld ist, weil es ist. Denn es gilt: *Fiatgeld.* Wieder Latein: Es werde Geld. Privat kann man nicht einfach Zahlen aufschreiben, Scheine drucken oder Münzen prägen, um Geld zu haben. Man muss zuerst das Recht haben, das zu tun – in Österreich geht dieses Recht vom Volk aus.[39] Geld ist ein öffentliches Gut, hergestellt wird es vom Staat und den Geldinstituten.[40] Und die gibt es nur, wenn Menschen sich in Gesellschaften organisieren.

Leider wird die Gesellschaft dabei als derart selbstverständlich vorausgesetzt, dass uns erst auffällt, wie dringend wir sie brauchen, wenn sie uns verloren geht. Wenn wir einander nicht mehr unterstützen und die Generationenverträge bröseln, weil zu oft zu viel versprochen und zu viele dieser Versprechen gebrochen wurden. Zugunsten des individuellen Vorteils. Die Zukunft wird's schon richten. Aber die Zukunft schert sich nicht um uns. Wenn unsere gesellschaftliche Beziehungsarbeit nicht heute gepflegt wird, dann gibt es sie

in Zukunft vielleicht gar nicht. Wenn wir den individuellen finanziellen Vorteil über den gesellschaftlichen Zu-
sammenhalt stellen, dann haben wir eine Welt von Ei-
genbrötlern. Aber Geld als Mittel und Überreichtum als
Extrem funktionieren nur im Umlauf und Vergleich. Sie
brauchen den Rahmen einer Gruppe, die sich ordnet; für
einen Menschen allein sind sie irrelevant. Man kann In-
dividualismus nur in einer Gemeinschaft predigen, die
man für den eigenen Vorteil ausnutzen möchte.

Geld heutzutage

In ihrem Podcast gehen Schmitt und Nymoen auf die
sogenannte Modern Money Theory (MMT) ein. Sie beschreibt Geld als Währung, die an eine Gemeinschaft
geknüpft ist, via Nationalstaat und Zentralbank.[41] Char-
talismus in Reinform, oder mit Georg Friedrich Knapp:
„Geld ist ein Geschöpf der Rechtsordnung."[42] Und Recht
wiederum gibt es nur künstlich im Staat, wir finden es
nicht in der Natur. Wie das Buchgeld entsteht es nur,
weil wir Menschen es aufschreiben und uns in der Gemeinschaft darauf einigen: Das gibt es jetzt.

Eine Bank kann einen Kredit vergeben, aber die Zentralbanken halten die Geldreserven und entscheiden, ob
das Bargeld ausgegeben und somit auszahlbar wird. Das
gedruckte Geld gibt es also nicht in unendlichen Men-
gen, solange die Zentralbanken es nicht bewilligen. Warum drucken Zentralbanken nicht genug für alle? Wie

viel ist genug und wie viel ist *zu viel?* Die Aufgabe der Zentralbanken ist die Regulierung der Geldwelt durch Geld-, Zins- und Währungspolitik. Nur hier darf Geld gedruckt werden und auch die Bankenaufsicht gehört zu ihren Aufgaben. Da sie in staatlicher Hand sind, müsste die Macht über das Geld auch in staatlicher Hand sein. Aber ist sie das auch?

Laut MMT ist Geld nur eine Frage der Geldpolitik, also der Öffentlichkeit. Geld, das nur gedruckt werden muss, ist unendlich, sobald ein Staat eine eigene Währung hat und somit immer neues Geld drucken kann. Die MMT beschreibt also das Geldwesen, aber sie beantwortet die Frage nicht, warum es zugleich nie genug öffentliches und in den Händen weniger eine Unmenge an privatem Geld gibt. Solange Geld aus dem öffentlichen Kreislauf genommen werden kann, hilft alles Drucken der Welt nicht. Privates Geld wird mehr, weil es sich aus öffentlichem Geld speist. Diese Abzweigungen, die Geld aus dem Fluss holen, stellen die Knappheit her, unter der alle leiden, die kein Vermögen anhäufen können. Und wenn öffentliches Geld auf diese Weise ausgeht, heißt es immer gleich: sparen oder Steuern rauf. Muss das sein?

Die Wirtschaftswissenschaftlerin und Vertreterin der MMT Stephanie Kelton sagt, Staatsschulden beschreiben das Mehr, das der Staat in die Gesellschaft pumpt.[43] Idealerweise über sinnvolle Investitionen in Arbeit (etwa fürs Klima, die Bildung etc.). Sie nennt Japan mit über

200% Staatsschuldenquote als Beispiel, wo die Verschuldung im Inland mit Eigenwährung kein Problem darstellt. Laut MMT ist weder das Erhöhen der Steuern noch das Sparen nötig, weil die eigene Währung ja im Landesinneren im Fluss bleiben kann. Die eigene Währung ermöglicht eine hohe Verschuldung im eigenen Land. Das Geld muss nicht knapp sein. Es gibt die Möglichkeit der Vollbeschäftigung.[44] Aber was heißt das für den Währungssalat in der EU? Und was ist mit ausländischem Geld? In der Globalisierung gibt es keine perfekt geschlossenen Kapselstaaten mehr.

In der EU gibt es zwar eine Währungsunion, aber die EU-Mitgliedstaaten sind nicht alle Teil davon und haben auch nicht alle den Euro. Souveräne Nationalstaaten, die ihr Recht nicht völlig an die EU abgetreten haben, kommen zusammen. Denn die EU macht etwas Bestimmtes aus: ihre Beziehungsarbeit – als politisches Gebilde ist sie recht stabil, obwohl sie kein Staat ist. Weil die EU aber kein Staat ist, kann sie sich auch nicht wie einer verhalten. Der Euro ist nicht die Währung der EU, sondern die Währung der Währungsunion. Die EU ist der politische Rahmen, der die Beziehungen der Mitgliedstaaten regelt. Das betrifft auch nationale Interessenkonflikte.

Geld bestimmt fast sämtliche dieser Interessenkonflikte. Die Verteilung von Geld hat also eine entscheidende Konsequenz. Ohne Geld ist man schnell in einer politischen Ohnmachtsposition (siehe Griechenland während der Eurokrise 2011). Je mehr Geld zur Verfügung steht, umso stärker die Verhandlungsposition. Die ungleiche Verteilung von Geld ist immer auch ein historisches Ergebnis der politischen Verhältnisse. Muss das so bleiben? Wer entscheidet das?

Privat vs. öffentlich

Die meisten Menschen betrachten Geld als ein Mittel, das Sicherheit und Freiheit ermöglicht. Darum wollen sie genug davon haben und sparen. So weit, so verständlich. Aber das Horten über das Sparen hinaus ist ein Trugschluss. In der Finanzwelt wird das Schaffen von privatem Geld aus öffentlichem Geld systematisiert. Das Finanzsystem überschreitet mühelos Staatsgrenzen und verlässt sich auf internationale Vertragsbeziehungen.[45] Dabei wird verschleiert, welche Arbeitsbedingungen und Umweltzerstörung nötig sind, um das Vermehren von privatem Geld aufrechtzuerhalten. Das schürt den Konflikt zwischen privaten und öffentlichen Interessen. Ausgetragen wird er mitunter zwischen privaten und öffentlichen Vermögen und der Macht, die damit einhergeht. Denn das unhinterfragte Dogma der privaten Geldvermehrung läuft dem öffentlichen Interesse entgegen. Das ist mit ein Grund dafür, dass jede Finanzberatung vor allem auch Steuerberatung zur Steuervermeidung bis hin zur -flucht und -hinterziehung ist.

Steuerrecht ist eigentlich die Befüllungsanleitung fürs öffentliche Gruppenkonto. Mit Steuern wird die öffentliche Infrastruktur bezahlt. Fehlende Steuern lassen sich aber nicht durch das Drucken von mehr Geld ersetzen. Zunächst gibt es die Sorge der Geldentwertung, hier greift die MMT mit dem Beispiel der Inlandsverschuldung, die kein Problem sein muss. Dann kommt die Sorge, dass ein Staat, der nach Lust und Laune Geld druckt, finanziell in sich zusammenfällt wie ein Kartenhaus. Dem liegt die Annahme zugrunde, dass ein Staat dann willkürlich investiert, was scheinbar zwangsläufig zu einem Crash führt. Laut MMT brechen instabile Staaten bei lockerer Geld-Druck-Politik aber nur zusammen, wenn sie ohnehin politisch instabil sind. Außerdem ließe sich das gedruckte Geld nicht von der Privatwirtschaft fernhalten, es würde wieder abgesaugt, der Staat müsste weiter drucken. Als wollte man die Badewanne füllen, ohne den Stöpsel in den Abfluss zu stecken. Die politische Stabilität ist zwar nicht irrelevant, aber auch die Praxis der Finanzwelt spielt eine wesentliche Rolle in diesem Stück.

Politische Stabilität ist eine Frage des gesellschaftlichen Gleichgewichts, kein Markt regelt sie. Es geht hier, wie so oft, um Beziehungen. Etwa, wenn es an sozialer Gerechtigkeit mangelt. Oder wenn die Balance zwischen öffentlichen und privaten Interessen in Form von verbindlichen Regeln, also Gesetzen, fehlt.[46] Nicht selten gibt es auch Einfluss von außen auf die Wirtschaft, die für alle Staaten mitunter eine Frage der Beziehungen zu anderen Staaten ist. Und da ist nicht unerheblich, wer Macht hat. Die Souveränität eines Staates in seiner Gesetzgebung endet eigentlich an seinen Grenzen. Dem Boden der Tatsachen, wenn man so will. Aber Wirtschaft überschreitet eben diese Grenzen und berührt damit auch andere Staaten. Dieses Geld von außen können viele Staaten gut gebrauchen. Das erschwert saubere Trennungen, zumal Grenzen bei Geld sehr durchlässig werden. So webt sich Geld überall ein und sichert seinen Besitzer:innen einige Macht.

Katharina Pistor beschreibt dieses Vorgehen anhand der Versuche großer Konzerne, ihren Profit mittels diverser Investitionsabkommen vor einer solidarischen Weltpolitik zu schützen. Das geht so weit, dass Unternehmen ganze Staaten vor Schiedsgerichte zerren können, damit die Dividende stimmt.[47] Privates Vertragsrecht vertritt privates Geld. Es hebelt öffentliches Recht grenzüberschreitend im Sinne der Vermögensanhäufung aus.[48] Warum lassen wir das zu? Die Frage lautet nicht nur: Wer hat diese Macht, und warum? Sondern: Warum wird diese Macht nicht demokratisiert? Wenn sie an Geldverteilung hängt, warum nicht umverteilen? Und da sind wir wieder bei den Steuern.

Wie man es auch dreht und wendet, das Geld braucht den Staat und der Staat das Geld. Dafür müssen die Interessen aber gleich stark gewichtet und die Macht gerecht verteilt sein. Das braucht Beziehungsarbeit in Gesellschaft und Wirtschaft und das Einverständnis, dass finanziell auf Augenhöhe gehandelt wird, statt einander ständig übervorteilen oder unterdrücken zu wollen. Vor allem braucht es verbindliche Regeln. Demokratisch betrachtet sind die Gesetze, die politische Stabilität und Gleichheit bringen, das Mittel der Wahl. Selten sind sie das Mittel des Kapitals, denn rechtlich gesicherte öffentliche Interessen stehen privaten Wirtschaftsinteressen des Kapitalismus im Weg.[49]

Ich hole so weit aus, um klarzumachen, dass die Verteilungsfrage von Geld unumgänglich ist. Und auch sie ist eine Frage, die sich nur stellt, weil wir als Menschen in komplexen internationalen Beziehungen auf mehreren Ebenen miteinander verwoben sind. Die Verteilungsfrage beginnt mit der schlichten Idee, dass es von einem Etwas nur eine bestimmte Menge und vielleicht nicht genug für alle gibt, weswegen es wichtig ist zu schauen, wie es verteilt wird. Beim Geld ist das Verteilen ein seltsames Konzept, weil es kein natürliches Gut ist. Wir müssen es quasi nur drucken, um es herzustellen. Und dieses öffentliche *Wir* steht dem privaten Geld gegenüber, das sich schier endlos zu vermehren scheint.

Politik sitzt eigentlich am längeren Hebel, denn Staaten können Recht herstellen, sprechen und durchsetzen. Und das Recht regelt das Miteinander. Recht stellt auch den Geldfluss her, es regelt die Beziehung zwischen Staaten und Zentralbanken, zwischen Vertragsparteien aller Art. Es lässt sich gestalten. Wer die Macht im Staat/ in der Politik hat, hat die Macht im Recht und somit in der Wirtschaft und im Welthandel. Müsste man meinen. Verteilung und Macht sind klar verknüpft. Aber: Regelt das Geld die Politik oder umgekehrt?

Verteilung beschränkt sich nicht darauf, wohin Geld geht. Sondern es ist auch wichtig, wie Geld verwendet wird und woher es kommt, wie es entstanden ist. Denn zu beschreiben, wie Geld zirkulieren kann, beschreibt nicht, was Geld ist, warum wir es haben und wie es im System wirkt. Eula Biss sammelt dazu in *Was wir haben* vor allem Definitionen des Kapitalismus: „Geld dafür zu verwenden, mehr Geld zu bekommen, ist David Graebers Definition des Kapitalismus."[50] Hier findet sich wieder der Trick, das Versprechen so lange zu glauben, bis es stimmt: ein endloses Band aus Luftmaschen. Hinten wird gezogen und vorne wird geknüpft. Das Knüpfen darf nie enden, denn nur das Wachstum kann die Maschen davor retten, sich in Luft aufzulösen. So beschreibt es auch Katharina Pistor in *Der Code des Kapitals*:

> Im Grunde sind alle Vermögenswerte einfache IOUs, das heißt Schuldscheine – Versprechen darauf, einen bestimmten Betrag zu einem bestimmten Zeitpunkt

in der Zukunft zu zahlen. Solche Versprechen können auf persönlichen Beziehungen beruhen oder als verbindliche recht-
liche Verpflichtungen konzipiert werden.[51]

Es braucht Geld, das sich nicht bewegt, um neues Geld
herzustellen – das gilt für privates Geld. Öffentliches
Geld dagegen muss im Fluss sein, weil es sich permanent in den Erhalt und Ausbau von Infrastruktur und
Wohlstand ergießt. Privates Geld ist nicht im Fluss, es
besteht aus Versprechen. Wenn diese eingelöst werden,
dann werden sie zu öffentlichem Geld. Damit sie unendlich wachsen, braucht es das Recht – ein Kulturgut, das
wir gesellschaftlich erfinden.

Geld ist selbst eine reine Fantasie; Geld *ist*, wenn man
es *hat*. Wenn man kein Geld hat, gibt es Geld aber trotzdem. Es ist dann ein Nichts, das man hat – im Fall von
Schulden etwas, das man *soll*. In der Realität muss man
sich aber auf etwas verlassen können, wenn man ein-
kauft, da reicht nicht einfach eine öffentliche Fantasie
von Geld. Fragt sich also: Wie wurde das Geld erfunden,
sodass es etwas gilt?

Wie Geld entsteht

In *Das Geld* schreibt der Altphilologe Eske Bockelmann,
dass der Begriff, den wir heute von Geld haben, im Mittelalter so nicht existiert hat.[52] „Selbst wenn wir uns

die Welt versuchen *ohne* Geld vorzustellen, unterstellen wir dabei unwillkürlich Verhältnisse, wie sie nur *mit* Geld bestehen."[53] Denn Geld ist laut Bockelmann etwas, das erst im Mittelalter aufkommt, weil die Städte sich entwickeln und vorwegnehmen, welche Verwaltungsstrukturen es später auch für ein modernes Staatswesen braucht.[54] Ohne diese Strukturen gibt es kein Geld, sondern nur allerlei Handlungen, die in unterschiedlichen Kontexten auf unterschiedliche Art und Weise getätigt werden.[55] Bockelmann zieht dafür eine Grenze mit der Entstehung des Geldes: davor seien Gesellschaften archaisch und danach modern. Er beschreibt moderne und archaische Gesellschaften anhand dessen, wie sie Versorgung regeln. Archaische Gesellschaften tauschen, schenken, geben. Moderne Gesellschaften kaufen und verkaufen mit Geld. Bockelmann unterscheidet aber auch das archaische Gemeinwesen von der modernen Gesellschaft.[56] Es ist feudal strukturiert, die Rollen sind verteilt. Heute wirkt das nach, aber unter der Oberfläche. Und es zeigt sich in unserem Umgang miteinander durch Geld.

Geld kommt also zu einer Zeit auf, als sich die Beziehungen der Menschen und das Versorgungssystem ändern. Und zwar die gesellschaftliche Rollenverteilung und Politik. Diese Handlungen gründen in archaischen Gesellschaften auf wechselseitigen Verpflichtungen.[57] Heute werden sie meist durch Geld geregelt. Der Beziehungscharakter verschwindet aber nicht. Wenn ich in einer Gruppe alle kenne, kann ich meine Angelegenheiten auf der persönlichen Ebene regeln. Diese Gruppe könnte sich selbst organisieren und versorgen, es bräuchte kein anonymes Tauschmittel. Wenn die Gruppe größer wird, verliere ich den Überblick und den Bezug. Wenn ich aber in meiner Versorgung abhängig bin, muss ich diese irgendwie regeln. Ich brauche dafür entweder etwas, das mein Gegenüber immer haben wollen wird – zum Beispiel Geld. Oder ich brauche eine Rollenverteilung, die im Vorhinein regelt, wer welche Verpflichtungen innerhalb der Versorgung hat. Dann ist klar, wer wen womit versorgen muss. Entweder, niemand fällt aus der Rolle – oder es gibt keine fixen Rollen. Wie regelt man aber dann die Beziehungen? Man vertraut auf Geld, darauf kann man sich einigen.

Die Beziehungen sind aber vor dem Geld da. Menschen sind Beziehungswesen, die im Miteinander entwickeln, wer sie sind. Wenn die Rollen bei der Geburt vergeben werden und ein System nur auf diese Art und Weise stabil wird, dann liegt es nahe, dass diese Rollenverteilung nicht nur von jenen geschützt wird, die am meisten von ihr profitieren. Klare Rollen bedeuten klare Machtverhältnisse. Bei Bockelmann sind in archaischen Gesellschaften die Rollen fix vergeben, weil sie die Versorgung regeln.[58] Es braucht gesellschaftspolitische Stabilität.

Sobald Geld diese Rollenverteilung aber obsolet macht, weil es die Versorgungsbeziehungen allein regeln kann, ohne dass es dafür Rollen bräuchte, stellt sich die Frage, warum wir nach wie vor eine Rollenverteilung in Form von Privilegien und Machtgefällen aufrechterhalten. Denn Privilegien gibt es nur, wenn es Unterdrückung gibt, sonst wären es keine Privilegien – alle könnten sie haben: Es wären Rechte. Privilegien sichern die Vormachtstellung, aber wer darf diese Rolle einnehmen, wenn man voraussetzt, dass alle Menschen gleich an Recht und Würde sind, wie in der Allgemeinen Erklärung der Menschenrechte festgehalten?

Geld bedeutet Macht. Keins der beiden ist je sicher, sondern muss immer gesichert werden. Beide sind leer, wenn es keine Beziehung gibt, wo sie nutzbar werden. Und beide gründen auf der Autorität des *Geltens.* Soll heißen: Wenn alle im System an Geld glauben, dann existiert und wirkt Geld: Es *gilt.* Wenn alle an die Macht der Regierung (egal in welcher Form) glauben, dann ist sie sicher. Wenn die Eigenlogik von Geld und Macht aber bezweifelt wird, dann zeigt sich, was alldem eigentlich zugrunde liegt: Vertrauen, Glaube, Verpflichtung. All das entwickelt sich nur in Beziehungen. Nichts davon lässt sich erzwingen, aber Unterdrückung durch Macht/ Geld ist ein starkes Bindemittel. Wie Macht und Geld nur existieren, wenn an sie geglaubt wird, so gibt es Beziehungen nur, wenn wir sie führen.

Das braucht Wechselseitigkeit. Das gesellschaftliche Beziehungswesen besteht aus der Begegnung, egal ob in der Wirtschaft, der Politik, der Familie etc. Wichtig ist, wie wir einander begegnen, ob wir uns auf Regeln in Form von Rechten einigen, auf Freiheit in Form von politischen Verpflichtungen, uns umeinander zu kümmern – das alles bestimmt, wie unsere Gesellschaft aussieht. Ob sie friedlich, frei und ehrlich ist.[59] Diese Aufgabe ist eine private und eine öffentliche.

Öffentliches Zusammenleben wird dadurch bestimmt und ermöglicht, dass Menschen sich versorgen oder versorgt werden müssen, um zu überleben. Versorgung wird ab einer bestimmten Gruppengröße anonym organisiert. Idealerweise werden die Verantwortlichkeiten, die es dann nach wie vor gibt, gerecht verteilt. Geld ist ein Beziehungsmittel, das erlaubt, quasi anonyme Verbindlichkeiten auszutauschen. Zumindest in Form von Bargeld haben wir Anonymität, bei Verträgen ist das schon anders. Dennoch wird die Gesellschaft auch heute noch vor allem durch eine fixe gesellschaftliche Ordnung geprägt. Geld hilft, diese durchzusetzen. Ohne die Beziehungsarbeit aller Mitglieder einer Gesellschaft, die stetig wächst und vielfältiger wird, lässt sich die Gruppe nicht binden. Dann gibt es auch keinen Grund für Geld.

Erst die politische Organisation in Städten und später Staaten ermöglicht, dass Geld und Nationen so wirken, wie wir sie heute kennen,[60] als gesellschaftliche Bindemittel. Als mehr und mehr Menschen in Städten aus den „klassischen" Herrschaftsverhältnissen herausfallen und Städte sich selbst organisieren, beginnen die Menschen, ihre Versorgung über anonyme Tauschhandlungen und Tauschbeziehungen zu regeln, aus denen dann Kauf und Verkauf (auch von Arbeit) wird.[61] Und das geht nicht sofort gut, sondern eine Kettenreaktion in eine Abhängigkeitsspirale folgt: Ohne Geld kann man keine Arbeit bezahlen; ohne Arbeit fehlt es den Arbeitenden an Geld, um sich durch Kauf und Verkauf zu versorgen, und ohne Kauf und Verkauf fehlt es der Wirtschaft an Geld, um Arbeit zur Produktion zu bezahlen. „So hängt das Leben aller an dem, was sie brauchen, sobald sie von Kauf und Verkauf zu leben und folglich abzuhängen beginnen: am Geld."[62]

Das Geld befreit also nicht aus den Herrschaftsverhältnissen, denn diese bestimmen nicht nur die Versorgung, sondern auch den *Wert* der Menschen in Form ihrer Stellung in der Gesellschaft. Wer einmal Zugang zu Herrschaft, also Macht hatte, wird den Zugang so regeln, dass nur möglichst wenige und möglichst die gleichen Menschen ihn erhalten,[63] was besonders leicht über den Zugang zu Vermögen gelingt. Wer Macht hat, hat Geld und wer Geld hat, hat Macht. Das heißt, Geld verfestigt die Rollenverteilung, solange es nicht gerecht verteilt wird.

Die Genese des Geldes beschreibt Bockelmann daher in meinen Augen treffend. Aber ich bin mit seiner Interpretation nicht einverstanden. Statt als reinen Wert betrachte ich Geld als Beziehungsmittel. Ich würde also eher sagen: Geld entsteht, als sich die gesellschaftlichen Beziehungen neu strukturieren, um die Versorgung weiterhin zu regeln. Es bricht die Strukturen nicht auf, sondern beschreibt die Beziehungen. Geld ist eine Ausdrucksform für die Prozesse, in denen unterschiedliche Wünsche, Bedürfnisse, Grenzen besprochen, abgesteckt und verhandelt werden. Wer Geld hat, hat Macht. Dabei gehört Geld, wie Macht, zur Welt der Vorstellungen.[64] Geld gibt es nur, wenn wir so tun als ob – und daran glauben. Es beschreibt die Tatsache, dass wir es haben, damit tauschen, zahlen, schenken, handeln etc. Es trägt die Möglichkeit, alles zu sein, was eine Ware ist und alles zu regeln, was eine Beziehung braucht.[65]

Geld = Vermögen?

Viel Geld wird in privaten Unternehmen und bei Privatpersonen gebündelt und zirkuliert dann fast ausschließlich unter diesen Reichsten; das meiste liegt dabei als träge Masse herum. Geparktes Geld, also privates Vermögen, kann wieder flüssig gemacht werden. Aber meistens wird es gehortet, um sich zu vermehren. Warum? Was ist dabei der Unterschied zum Sparen?

Überreichtum bietet schier unendliche Möglichkeiten, Geld einzusetzen. Bei kleinen Summen sind die Optionen klarer: ausgeben oder sparen. Sparen ist ein Später-Ausgeben – ein Haben bis zum nächsten Sollen/Müssen. Vermögen aber ist *zu viel*, um *nur* für irgendwann notwendige Ausgaben herzuhalten. Ausgaben decken den täglichen Bedarf – egal, wie groß das Haus, es braucht nur ein Dach über dem Kopf, um das Bedürfnis nach einem Dach über dem Kopf zu decken. Wer Geldvermögen hat, hat die stetige Versorgung mehrfach gedeckt und kann überlegen, was mit diesem enormen Extra gemacht werden soll. Wieso fragt man eigentlich nie, wie man Vermögen *rückverteilen*, sondern immer nur, wie man es sichern und vermehren kann?

Warum also Vermögen anhäufen? Geld, das nicht verwendet wird, könnte alles werden, weil Geld sich gegen so gut wie alles tauschen lässt. Das Einzige, das sich nicht kaufen lässt, ist eine ehrliche Beziehung. Geld, das gegen eine Beziehung getauscht werden soll, verlangt immer ein Endprodukt. Das ist aber eine Mogelpackung. Echte Beziehungen gibt es nur als Prozess dauernder ehrlicher Auseinandersetzung mit einem gleichberechtigten Gegenüber, respektvoll und auf Augenhöhe. Sex kann ich kaufen, aber keine liebevolle Intimität. Käufliches Vertrauen ist nur so viel wert wie das höchste Gebot und damit eigentlich gar nichts, weil es keine ehrliche Loyalität ist. Freundschaft, für die ich bezahlen muss, ist keine Freundschaft. Darum ist ein großes Vermögen im persönlichen und privaten Kontext auch nicht hilfreich. Ehrliche Freundschaft pfeift auf Millionen. Aber ehrliche Freundschaft ist nur was für Menschen, die bereit sind, sich um die Beziehung zu bemühen, sich zu öffnen und jemandem, der sich öffnet, mit Respekt und Wohlwollen zu begegnen.

Egal, wie reich ein Mensch ist, es gilt: Wer Kritik nicht einstecken kann und nicht bereit ist, für die Freundschaft anstrengende oder unangenehme Dinge selbst zu tun, der will keine Freundschaft, sondern einen Service. Im ehrlichen Beziehungskontext verliert Geld seine Wirkung als Machtmittel, weil es diese Wirkung nicht braucht. Das gilt zumindest in Beziehungskontexten von Nähe. Große Gesellschaften müssen Anonymität und Distanz unter den Menschen aushalten. Da fällt es viel leichter, Geld als Ersatz für Beziehungsarbeit nutzen zu wollen.

Viele wollen mit ihrem Vermögen genau das. Sie spüren, dass es Macht und Möglichkeiten bedeutet, und wollen Einfluss nehmen. Entweder, indem sie anderen „helfen". Dabei blenden sie oft aus, dass darin ein Machtgefälle von *bedürftig* und *wohlwollend* entsteht, zu dessen Ursachen vor allem auch die Ungleichverteilung zählt. Diese Hierarchie wird zementiert, wenn Geld an Bedingungen geknüpft wird, als hätten Menschen mit Bedürfnissen kein Recht, selbst zu entscheiden, was sie mit gespendetem Geld tun, als ginge es die Gönner:innen etwas an, verwalten sie den Mangel der anderen beim Geben gleich mit – eine Form der Kontrolle ohne Augenhöhe.

Oder sie wollen ihr Vermögen und somit ihre Macht vergrößern, um den Einfluss, den sie nehmen *können, wenn sie wollten,* aufzublasen. Dafür investieren sie zum Beispiel am Finanzmarkt. Darum wird großes Geld nicht *gespart.* Das geht auch gar nicht. Was nicht ausgegeben werden kann, kann nicht gespart werden. Es wird angelegt und auch gespendet. Nicht umsonst sind Stiftungen eine der beliebtesten Konstruktionen, um Geld privat zu parken und abseits der Öffentlichkeit (und Steuer) zu vermehren. Doch: Geld muss nicht rein öffentlich sein, es darf nur nicht überwiegend privat sein, die Balance ist wichtig.

In beiden Fällen – Anlage oder Spende – werden viele Dinge vorausgesetzt und andere ignoriert. Die strukturellen Zusammenhänge von Überreichtum und Armut, von Profit und Ausbeutung, von Philanthropie und Demokratiefeindlichkeit etc. werden bequemerweise übergangen. Das Erste, was dabei in der Regel gemacht wird, ist die Steueroptimierung. Die Idee, dass es dumm sei, Steuern zu zahlen, hält sich leider hartnäckig. Dieses Denken ignoriert, welche Voraussetzungen der Staat schafft und weshalb Beiträge zum Staatshaushalt nicht dumm, sondern sinnvoll sind. Es gibt keinen Grund, privat geparktes Geld nicht zu besteuern. So entstehen Konzerne, Monopole und mitunter ganze Dynastien, also Herrschaftsfamilien.[66]

Das Nächste, was passiert, ist ein falsches Verständnis von Arbeit unter Vermögenden. Angelegtes Geld *arbeitet,* wird mir oft gesagt. Wie absurd dieser Satz ist, zeigt sich, wenn wir beschreiben, was wirklich passiert. Geld, das nicht gebraucht wird, kann bei der Bank auf einem Depotkonto angelegt werden, durch den Kauf von Finanzprodukten. Soll heißen: Geld kauft *Mehr-Geld.* Macht auf den ersten Blick stutzig, aber Finanzprodukte (also *Mehr-Geld)* sind Versprechen, dass aus dem Geld, mit dem sie gekauft wurden, mehr Geld wird, wenn man wartet. Dazu zählen Aktien oder Anlagen, oft von Unternehmen, die mit diesem Geld, das sie auf Zeit besitzen, wirtschaften. Gleichzeitig arbeiten Menschen in den Unternehmen, in die investiert wird. Aber: die Unternehmen müssen ja das Geld zurückzahlen, das sie durch Finanzprodukte erhalten haben. Also landen die Gewinne nicht bei denen, die arbeiten, sondern bei denen, die besitzen, und dazu zählen jene, die investieren. So etwas vermag nur Geld.

Vermögen kann so knifflig werden, dass man auf Expertise angewiesen ist. Und da kommt die ganze Beratungsbranche ins Spiel: Anlage-, Steuer-, Finanzberatung und, und, und. Diese Dienste muss man sich leisten können. Offen bleibt, warum Geld sich vermehren soll, wenn es nicht gebraucht wird. Eine oft getätigte Aussage lautet, dass es dumm sei, wenn Geld weniger würde. Das ist eine unsinnige Wertung. Wer mit dem Überfluss spielt, hat auch dann noch volle Taschen, wenn das Extrageld weg ist. Genug für ein gutes Leben zu haben, einen kleinen Polster vielleicht, hat einen Namen: Wohlstand. Und den sollte es für alle geben.

Eula Biss schreibt dazu, dass besonders Kleinanleger:innen, die sich Sorgen um ihren Ruhestand machen, diese Ökonomie der Ausbeutung kaum umgehen können, wenn sie finanzielle Sicherheit wollen.[67] Die Arbeit vieler trägt in einem ausgewogenen Rentensystem immer zur Sicherung des Ruhestands aller bei. Der Finanzmarkt sollte aber keine Versicherungsleistung übernehmen, die eigentlich Aufgabe des Staats ist. Geschweige denn, sie zum Objekt von Machtspielen und Spekulation machen.

Das gilt auch für die Philanthropie, denn Spenden ist genauso ein Machtspiel: Geld, das ich nicht brauche, soll niemand bekommen, der es braucht, außer ich entscheide es. Hier zeigt sich eine bevormundende Art der Geldgebenden und eine Erwartungshaltung jenen gegenüber, die Geld bekommen – sie müssen liefern: seitenlange Anträge und Berichte, komplizierte Formulare, fesche Projekte, mit denen die Spendablen sich schmücken, obwohl sie konkret nichts dafür tun, als Geld zu überweisen.

Immer geht es um das gute Gefühl und die Gewissensberuhigung der Vermögenden, die vermögend bleiben wollen. Aber es bleibt oberflächlich. Sei es bei Ambitionen, die Welt durch Spenden statt Steuern oder über die richtige Anlagestrategie zu retten. Am Ende geht es darum, das Vermögen zu schützen und zu mehren. Wer schlussendlich die Arbeit macht, wird ignoriert und verschwiegen. Geld ist der Schlüssel zur besseren Welt. Es gibt aber keinen Grund, ihn in den Händen einiger Weniger zu lassen.

So schwingt immer die Macht mit, die unsere Gesellschaften in 10:90 oder 1:99 teilt. Und zwar anhand des Vermögens. Nur zehn Prozent der Gesellschaft haben Zugang zu Vermögen, das man auch so nennen kann. Es sind dieselben zehn Prozent, die selbstverständlich in der Politik, in den Medien und in der Wirtschaft die besten Posten und größten Privilegien haben. Gleichzeitig sind 90 Prozent der Menschen damit beschäftigt, für jene Unternehmen zu arbeiten, in die investiert wird, und die unbezahlte Arbeit zu leisten, für die gespendet wird. Und dafür werden sie weder mit ermäßigten Steuersätzen noch mit der finanziellen Freiheit eines guten Einkommens belohnt. Das Geld und die Vermögen der Wenigen beeinflussen damit das Leben der Vielen.

Ein privates Interesse, das finanziell mit einem öffentlichen Interesse mithalten kann, hat die Macht, dieses

Interesse zu blockieren. Damit erzwingt sich das private Interesse allein durch die Macht der Möglichkeit, die in Geld steckt, das Mitgestalten. Und das ist undemokratisch. Wenn Politik dann auch noch gekauft wird, ist das Korruption und obendrein kriminell. Das kann nicht im öffentlichen Interesse sein. Wir gestalten die Gesellschaft mit öffentlichem Geld – es ist unser aller Geld. Steuern stellen dar, dass wir gemeinsam zahlen. Wir tragen alle etwas bei und schaffen damit öffentlichen Wohlstand. Privates Vermögen sollte dem nicht zuwiderhandeln dürfen. Das Interesse von einzelnen Menschen ist nie stärker zu gewichten als das öffentliche Interesse, das im Rahmen von Diskurs und Beziehungsarbeit entsteht. Private Interessen, die über öffentlichen stehen, beschreiben einen Machtmissbrauch. Geld ist das Mittel, das diesen ermöglicht. Denn Geld ist das mächtigste gesellschaftspolitische Beziehungsmittel unserer Zeit.

Wie das aussehen kann, beschreibt Julia Friedrichs anhand von Familienclans und deren indirekter Macht.[68] Dynastisches Geld schafft politische Abhängigkeitsverhältnisse, die mehr oder weniger heimlich die Gesellschaft gestalten. Es ist wichtig zu verstehen, worum es bei politischer Vermögensverteilung geht: Recht, Macht und Ressourcen. Dass diese Verteilung transparent und demokratisch stattfinden sollte, muss außer Frage stehen. Vermögensungleichheit zerreißt das Miteinander.

Noch ist die Gesellschaft nicht zerbrochen. Und noch verlassen wir uns aufs Geld. Wir alle brauchen nämlich Geld, um uns innerhalb der Gesellschaft zu bewegen. Es regelt nicht nur die Deckung der Bedürfnisse, sondern auch den Zugang zu Institutionen, Arbeitsplätzen, Gesundheitsversorgung, Bildungseinrichtungen etc. Allerdings wurde ein großer Teil der Gesellschaft derart ins Unvermögen und den Sachzwang getrieben, dass die Frage nach den Zugängen zum besseren Leben sich ihnen kaum stellt, so schwer wird ihnen die Deckung der Bedürfnisse eines guten Lebens in unserem System gemacht. Soll heißen: Es ist ein Armutszeugnis für den Gesetzgeber, im wahrsten Sinne des Wortes, dass ein Prozent der Bevölkerung in Österreich ca. die Hälfte des ganzen Vermögens besitzt, während sich 50 Prozent der Bevölkerung knappe drei Prozent des Vermögens teilen oder sogar Schulden haben.[69] Das sind strukturelle Zusammenhänge, die schon Bertolt Brecht beschrieb: „Wär ich nicht arm, wärst du nicht reich". Geld verbindet und trennt. Wir sollten das mitdenken, wenn wir über Geld nachdenken.

Fazit

Vier große Annahmen zeigen sich mir also an und für sich zu Geld. Erstens: Geld funktioniert als Beziehungsmittel. Wir verwenden es wie Macht. Zweitens: Geld beschreibt, wie wir über ein komplexes System von

Kauf und Verkauf die Versorgung regeln. Dabei verwebt es Gesellschaft, Recht, Politik und Wirtschaft miteinander. Drittens: Geld kann als Sprache betrachtet werden, die eine ganz bestimmte Art von Beziehung, Verhältnis, Austausch zwischen Menschen ausdrückt und regelt. Und das zeigt viertens, dass unabhängig von den Intentionen einzelner Menschen an und für sich gilt: Privater Überreichtum ist undemokratisch, das bedeutet Machtmissbrauch – öffentliches Vermögen bedeutet bei demokratischer Machtgestaltung Wohlstand für alle.

Für Macht in der Politik und der Demokratie gilt, wenn viele ihre Stimme an einige wenige abgeben, darf es andere Gewichtungen in der Machtverteilung geben. Und diese Ausnahmen sind per Gesetz begrenzt. Geld ist auch als gesellschaftspolitisches Beziehungsmittel nicht an sich gut oder schlecht, sondern seine Wirkung kann gut oder schlecht ausfallen. Das hängt von vielen Dingen ab, unter anderem vom Gleichgewicht der Geldverteilung. Sie steht für die Balance der Macht in der Gesellschaft. Ein Nullsummenspiel ist kaum möglich und auch nicht das Ziel. Aber die Extreme sollten verhindert werden. Also gilt wie immer: die Dosis macht das Gift. *Zu wenig* Geld ist schlecht, weil es die eigene Versorgung und Lebenschancen verhindert. *Zu viel* Geld ist schlecht, weil es die Versorgung und Lebenschancen anderer behindert.

Bockelmann schreibt: „Was Geld tut, das tut es *mit den Menschen.* Sie leihen ihm *ihre* Hände, mit *ihrem* Kopf vermag es zu denken, mit allen *ihren* Mitteln greift es zu auf diese Welt."[70] Es ist in meinen Augen aber umgekehrt: Der Mensch macht mit Geld die Welt und nicht das Geld macht die Welt mit dem Menschen. Geld hat keinen Willen. Der Mensch hat einen Willen. Und er ist nicht ansatzweise so vernünftig, wie er gerne tut. Der Mensch ist ein Gefühls- und Beziehungswesen und bedient sich unterschiedlicher Mittel, um diese Gefühle und Beziehungen zu regulieren. Geld ist nur ein Mittel von vielen. Für mich bedeutet das: Geld ist, was wir damit machen.

Geld macht neurotisch

Geld ist ein Thema, das etwas mit mir macht. Die wenigsten Menschen, die ich kenne, sind souverän, wenn es um Geld geht. Das gilt besonders für die reichen Menschen, die ich kenne. Was das Sprechen über mein Geld angeht, bin ich auch etwas verklemmt. Über fremdes Geld oder Geld grundsätzlich kann ich viel leichter reden. Mein eigenes Geld und wie es meine Beziehungen zu den Menschen in meinem Umfeld beeinflusst, spüre ich eher. Besonders, wenn es obendrein an Erfahrungen mit Klassismus rührt. Da ich klassenprivilegiert bin, kann ich nicht über Erfahrungen mit Klassismus sprechen. Aber ich kann empfehlen, sich mit Werken wie etwa *Solidarisch gegen Klassismus*[71] auseinanderzusetzen, in diesem Buch zeichnen Menschen, die von

Armut und/oder Klassismus betroffen sind, ihr eigenes Bild der Strukturen und des Bezugs zu Klassismus und zu Geld.

Der Tick mit der Karotte

Mein erstes Sprechen und Schweigen über Geld ist geprägt davon, Geld nicht als das bezeichnen zu wollen, was es ist: Macht in Beziehungen. Es ist ein neurotischer Versuch, sich nicht auseinanderzusetzen. Grundsätzlich sind Neurosen weder gut noch schlecht, viel wichtiger ist, ob ein Mensch (und sein Umfeld) unter seinen Neurosen leidet. Das gilt auch dann, wenn es Geld-Neurosen sind. Manche Neurosen können bei der Bewältigung des Alltags helfen, andere machen den Menschen durchaus zu schaffen. So weit, so normal. Überreichtum ist aber nicht normal, darum ist das Verhalten zu Geld bei Überreichen es auch nur in den seltensten Fällen.

Neurosen kann man in der Regel ganz gut auf den Grund gehen. Weil ich keine Psychologin bin, ersetze ich das Wort Neurose durch Macke. Interessant für mich ist, wenn eine Macke salonfähig und somit zu einer kulturellen Norm wird. Auch interessant: was unter der Macke liegt und sie entstehen lässt, wenn sie mit Geld zu tun hat. In den meisten Fällen sind es Erfahrungen, Erlebnisse und Gefühle, die in irgendeiner Form unangenehm sind. Beim Ausweichen verrenken wir uns. Wenn ich mich wie eine Brezel um ein unliebsames Thema winde, ist das aber noch keine Macke. Das ist es erst, wenn ich eine Zeitlang umständlich kompensiere und das erkennbar auffällt. Manchmal teilen ganze Gruppen solche Erfahrungen und das Verhaltensmuster, das dann entsteht, treibt wilde Blüten, weil es dank Massentauglichkeit normal (geworden) ist.

Die Menschen im globalen Norden rennen also mehrheitlich im Hamsterrad des Turbokapitalismus einer Geld-Karotte hinterher. Und warum? Weil sie müssen. Wenn wir genauer hinsehen, merken wir, dass es für die allermeisten Menschen sogar nur das Versprechen einer Karotte ist, dem sie nachjagen. Für Überreiche gilt das nicht. Sie können aus dem Hamsterrad aussteigen und die Karotte einfach nehmen. Wenn sie wollen. Überreiche Menschen könnten sich aus dem Hamsterrad rauskaufen, aber selbst wenn sie es tun, schaffen sie das Hamsterrad nicht ab. Es gilt für sie nämlich dasselbe wie für alle Menschen: Sie definieren sich über ihr Umfeld. Und weil Überreichtum die Ausnahme ist, gibt es im Umfeld und auch in der öffentlichen Welt vor allem Menschen, die nicht überreich sind, sondern im Hamsterrad laufen müssen. Die Ironie ist, dass viele Menschen arbeiten, um reich zu werden, damit sie nicht mehr arbeiten müssen, während viele (über-)reiche Menschen arbeiten, um (Über-)Reichtum zu rechtfertigen. Warum machen überreiche Menschen das trotz Vermögen mit? Ist es eine Investition in den Leistungsmythos (siehe das Kapitel „Geldgeschichten")? Wollen sie wirklich nur dazugehören?

Arbeit ist nicht bloß die Tätigkeit an und für sich. Sie ist auch das ganze Drumherum, sie gehört zur Identität, sie trägt zur Rollenverteilung in und Teilhabe an einer modernen Gesellschaft bei. Ich finde es neurotisch, wenn viel Energie und viel Geld darauf verwendet werden, um zu arbeiten und so zu tun, als ob weder Energie noch Geld verwendet würden. Das Verschleiern der Privilegien ist das Verschleiern der Vormachtstellung, denn es zeigt, dass ich mich manchen Spielregeln nicht beugen muss, die für andere täglich spürbar sind. Ich muss nicht arbeiten, sondern ich kann. Ich kenne Druck, aber nicht den Druck, zum Leben arbeiten zu müssen. Ich weiß auch nicht, was es heißt, kein Geld zu haben. Das entfremdet mich und darum tue ich so, als wüsste ich doch, was das heißt. Überreiche, die bescheiden wirken wollen, schweigen über Geld, weil sie über Macht schweigen. Oder sie sprechen über Geld, als wäre es eine Lappalie, um damit die Macht, die im Vermögen, im Überreichtum, im Geld steckt, zu verharmlosen. Geld als Vermögen ist Macht im Konjunktiv. Ich könnte, wenn ich wollte. Das verleugnet die Wirklichkeit und blockiert unsere Entwicklung hin zu einer gerechten Gesellschaft.

Wir leben in einem System, in dem fast alles mit Geld geregelt werden kann. Das heißt auch: kein Geld zu haben, kann eine enorme Bedrohung darstellen. Und da sind wir wieder bei Angst und Unsicherheit.[72] Mit Geld lässt sich die Befreiung von diesen Gefühlen bezahlen, aber nur im Rahmen dessen, was es zum Leben *braucht.* Alles, was darüber hinausgeht, bedient nur den Wunsch danach, die Situation permanent unter Kontrolle zu halten, weil auf das staatliche Sicherheitsnetz vermeintlich kein Verlass ist. Dem sollte der Versuch entgegengestellt werden, genau dieses staatliche Sicherheitsnetz gemeinsam aufzubauen.

Absurderweise stehen individuelle finanzielle Sicherheitsnetze dem gegenüber: ein engmaschiger privater Ersatz der Reichen und Überreichen für den Sozialstaat, der dem neoliberalen Kapitalismus unserer Zeit immer mehr geopfert wird. Für Menschen, die für Geld arbeiten *müssen,* gilt, dass Unsicherheit und Angst echte Gefühle sind, die direkt aus dem Alltag kommen. Für Menschen, die für Geld arbeiten *können,* wenn sie wollen, gilt das nicht. Trotzdem fühlen sich deren Angst und Druck auch echt an. Das liegt in ihrem Wesen als Gefühle, sie müssen keine reale Bedrohung kennen, sie können diffus herumwabern. Ein anderes wichtiges Gefühl ist die Scham: Überreiche spüren sie, wenn sie bemerken, dass es anderen strukturell schlechter geht als ihnen selbst.[73] All das beeinflusst das Handeln von Menschen, auch wenn sie überreich sind, weil sie zunächst von ihrer Gefühlswelt gesteuert werden und nicht vom Kontostand.

Der Tick mit der Karotte ist, dass manche Menschen das Hamsterrad verlassen könnten, aber drinbleiben und verheimlichen, dass sie rauskönnen oder sich einbilden, drin sein zu müssen. Der Trick mit der Karotte ist: Um mehr Vielleicht-Karotten versprechen zu können, bekommen immer weniger Menschen alle wirklichen Karotten. Fazit: Wenn es um Karotten geht, sind wir alle Esel.

Das Einigeln

Ein Thema, das ich nicht bearbeite, bearbeitet mich. Das ist besonders dann ein Problem, wenn es um Macht und Kontrolle geht. Dann ist zum Beispiel ein Mensch neurotisch kontrollierend und ein anderer wird neurotisch kontrolliert. Macht ist ein Thema, weil Vermögen ein Thema ist, also ist Geld ein Thema. Und das macht Auseinandersetzen und Loslassen zu einem Thema.[74]

Das Aus- und Aufgeben von Geld berührt das Selbst(wert)gefühl. Das gilt fürs Shoppen und fürs Spenden. Bei Ersterem kaufe ich Produkte oder einen *Lifestyle*, bei Letzterem kaufe ich ein gutes Gewissen. Ich versuche also, mich von nagenden Schuldgefühlen zu befreien, indem ich sie mit Geld bewerfe. Es kann gut gemeint sein, aber die Spendierhosen ziehe ich mir vor allem dann an, wenn ich zeigen will, dass ich Macht über eine Beziehung habe. Entweder über meine Beziehung zu anderen Menschen oder zu mir selbst. Mein Geld ist dann die Rettung, mein Wohlwollen die Bedingung. Sobald Geld nicht einfach zur Befriedigung von Grundbedürfnissen wie Hunger verwendet wird, geht es um Darstellung und Kontrolle. Es ist ein anderer Hunger.

Dabei kommen die ganz großen Fragen schon beim alltäglichen Einkauf auf: Welche Qualität kann ich mir leisten? Was und wie viel bin ich wert? Was würde ich kaufen, wenn ich mehr Geld hätte? Und es wirft auch unangenehme Fragen zum Geld auf, das man nicht aus- und aufgeben kann oder will: Wer bin ich mit Geld und wer ohne? Bin ich mein Geld wert? Bin ich genug? Diese Fragen sind schwer auszuhalten und verleiten dazu, in den Vergleich zu gehen. Wenn ich mehr als X habe, bin ich genug. Aber *mehr als* bedeutet eigentlich immer *(noch) nicht genug.* Und wenn ich mich nicht damit auseinandersetzen kann oder will, weil ich die Zeit nicht habe oder weiß, dass es mich in eine Sinnkrise stürzt, brauche ich eine Ersatzhandlung.

Wenn ich kaufe, bin ich befriedigt. Wenn ich spende, bin ich gut. Vielleicht kompensiere ich aber auch durch Selbstausbeutung in der Arbeit oder ich lande gratis in der Krise, weil ich mir das Grübeln leisten kann. Auf jeden Fall widme ich mich zu viel dem Nicht-über-Geld-Nachdenken, bis es mich ernsthaft krankmacht, weil ich eigentlich gerade vor meiner Beziehung zu mir selbst weglaufe. Wenn ich als überreicher Mensch lerne, dass ich alles mit Geld regeln kann. Und wenn ich versuche, auch meine Beziehungen über Geld zu regeln. Und wenn ich dann merke, dass ich mir Beziehungen nicht kaufen kann, weil diese nämlich Arbeit erfordern. Dann sollte nicht unterschätzt werden, was *zu viel* (oder *zu wenig*) Geld in einer durch und durch finanzialisierten Welt mit unseren Beziehungen und unserer Gefühlswelt anstellt.

Unterdrückte Gefühle sind nie weg, sondern blubbern unter der Oberfläche munter weiter. Sie bauen Druck auf. Wenn eine ganze Gesellschaft Gefühle von Scham, Unsicherheit und Angst in Bezug auf Geld unterdrückt, dann beeinflusst das das kollektive Bewusstsein von Beziehungen. Frei nach Adorno, den Guanzini zitiert, wird alles verdinglicht und macht die Gesellschaft anfällig für Gleichschaltung und Gleichgültigkeit.[75] Doch Vorsicht: Nur weil wir alles globalisiert und komplex in Zahlen strukturiert haben, heißt das nicht, dass wir nicht trotzdem kleine weiche Menschen sind, die ziemlich leicht kaputtgehen, wenn sie sich allein und wertlos fühlen, sich fürchten und schämen.

Welche Haltung wir als Gesellschaften zu Gefühlen einnehmen, beeinflusst unser Miteinander.[76] Und wenn Geld als Mittel gedacht ist, unser finanzialisiertes System zu bedienen, dann wird sich unsere Beziehung zu Geld in dem ganzen Gewirr an Gefühlen nicht selten als ein roter Faden zeigen, an den wir uns klammern.

Mit Geld können wir Grundbedürfnisse decken. Und wir können auch noch unsere Beziehungen über Arbeit,

Freizeit, Konsum etc. gestalten. Und das beeinflusst unsere Psyche und somit auch die Auswüchse dieser Psyche. Was hindert uns wirkungsvoller an einer strukturellen Auseinandersetzung mit der Verflechtung von Geld und Macht als wir selbst? Der Mensch, verstrickt in einen neurotischen Versuch, sich glücklich zu kaufen und heilig zu spenden. Der Kontrollzwang wird's schon richten, also Ellenbogen raus und einigeln. Denn mit Beziehungen meint so ein Ellenbogen-Igel Dinge, Oberflächen.[77] Dann lässt sich Beziehungsarbeit auch reduzieren, etwa auf: Klinke putzen, polieren, strahlen. Zumindest außen, vor der Tür. Ein echtes Verstricken und Verheddern und gemeinsames Knüpfen würde bedeuten, den grotesken Kokon zu verlassen und sich als Mensch statt als schillernder Panzer zeigen zu müssen.

Beziehungen sind aber kein strahlendes Ergebnis, sie verlangen viel Arbeit, sind mühsam und ein endloser Prozess. Aber sie sind uns wichtig, wir wollen sie. Eine Beziehung zu haben, so wie man Geld hat, geht nicht. Beziehungen muss man pflegen, man muss sich dabei um sich, den anderen und das Ganze bemühen und kümmern. Das braucht Geduld und auch ein gewisses Maß an Zärtlichkeit. Isabella Guanzini argumentiert, dass Zuneigung als politische Aufgabe dabei hilft, aus dem Individualismus-Fetisch auszubrechen und zum Gemeinschaftssinn zu finden.[78]

Kurz gesagt: Wer nicht akzeptieren kann, nicht perfekt zu sein und dass andere anders sind und man weder andere noch sich selbst kontrollieren und beherrschen kann oder soll, entpuppt sich als unreif, unsolidarisch und undemokratisch.[79] Darin zeigt sich nämlich eine Unfähigkeit, Beziehungen nach innen und außen zu führen, die auf Respekt und Anerkennung gründen. Das macht einen Menschen letztlich auch bis zu einem gewissen Grad gesellschaftsunfähig. Aber wer braucht schon Gesellschaft, wenn es Ellenbogen und Einigelungen, Hamsterräder und Karotten (bzw. das Versprechen derselben) gibt? Am Verschweigen kann man erkranken.

Das Ellenbogen-Igel-Sein ist aber kein absoluter Makel. Es ist eine Macke – dieser „Schutz- und Verteidigungsmechanismus verengt die eigene Sicht der Dinge. Er verhindert, sich selbst und die anderen zu erkennen, und beraubt die menschliche Umwelt auf diese Weise jeder Möglichkeit zu einem demokratischen und solidarischen Austausch."[80] Man kann lernen, damit umzugehen. Wichtig ist, dass es nicht bestimmend für eine Gesellschaft, zu einer kollektiven Neurose wird. Dafür muss das Problem aber ins kollektive Bewusstsein gehoben werden. Jetzt kann ich nicht behaupten, dass es noch keine Kapitalismus-Kritik gibt. Aber ich behaupte: Wir, besonders wir Überreiche, müssen über unsere Geld-Neurosen sprechen, sie beeinflussen nämlich unser Leben – und oft nicht nur unser eigenes.

Knäuel statt Netze

Wenn ich mich mit meinen Geld-Neurosen befassen will, schadet ein kleiner Ausflug in die Vergangenheit nicht. Das gilt auch für kollektive Macken im Umgang mit öffentlichem Geld. Der Neoliberalismus begann seinen Siegeszug mit Margaret Thatcher in Großbritannien und Ronald Reagan in den USA. Gleichzeitig gab es die Ära Kreisky in Österreich. Unter Thatcher, Reagan und Bruno Kreisky wurden Staatsschulden aufgenommen, aber sie wurden unterschiedlich verwendet. Während Thatcher das Land durch und durch privatisieren ließ, förderte Kreisky die eigene Bevölkerung. Es war also nicht immer selbstverständlich so, wie es jetzt ist, auch wenn das gern behauptet wird. Die Alternativen, die es schon gab, können uns zu neuen Ideen inspirieren.

Leider hängt viel davon ab, wer das Sagen im Staat hat. Die Regierung, nicht etwa der Staat an und für sich, zeichnet für die Geldpolitik mitverantwortlich. Wenn die Überreichen sich einmischen und fordern, dass Geld eine reine Privatsache werden soll, muss ein schlanker Staat argumentiert werden. Öffentliche Investitionen seien aus dem Fenster geworfenes Geld, schließlich gebe es ja gar keine Öffentlichkeit, keine Gesellschaft,[81] keinen Sozialstaat, der öffentlich finanziert werden müsse. Es kam also zum System *Karotte oder versprochene Karotte, Hauptsache Hamsterrad* und zum

Zweifel am Gesellschaftsvertrag. Das liegt allerdings nur im Interesse der Wenigsten, vermutlich nur des reichsten Prozents der Gesellschaft.

Das, was heute vom Sozialstaat übrig ist, verwaltet den Missstand und zementiert Ungleichheit, anstatt Menschen aufzufangen und ihnen zu ermöglichen, sich neu zu sortieren. Und das Netz wird immer weitmaschiger. Den Menschen, die sich nicht darauf verlassen können, dass der Sozialstaat, den sie finanzieren, sie versichert, wird obendrein erklärt, sie seien selber schuld oder faul. Mit einem Menschen so umzugehen, stellt der Politik buchstäblich ein Armutszeugnis aus. Aber das hat System. Wenn alle selbst schuld sind, leugnet man die strukturellen Probleme. Jede:r für sich. Die Menschen müssen an das Märchen vom Hamsterrad glauben, sie dürfen nicht denken, dass es eine Alternative gäbe. Sie brauchen eine Karotte und das Versprechen, dass sie ausschließlich aus eigener Rennerei diese Karotte erreichen. Für das soziale Netz bedeutet das, dass alle glauben sollen, es sei sicherer, wenn man auf sich allein gestellt ist. Diesen Glauben muss man sich leisten können.

So ein System trennt den sozialen Zusammenhang fahrlässig auf. Das Vereinigte Königreich hat nicht umsonst ein Ministerium für Einsamkeit. Wenn ich meine Macht in der Beziehung zu einer Gesellschaft, die meinen Überreichtum erarbeitet, verstecken will, dann mache ich das am besten vor ihrer Nase. In Franz Kafkas Text *Kleine Fabel* wird dieses Bild auf den Punkt gebracht:

> „Ach", sagte die Maus, „die Welt wird enger mit jedem Tag. Zuerst war sie so breit, daß ich Angst hatte, ich lief weiter und war glücklich, daß ich endlich rechts und links in der Ferne Mauern sah, aber diese langen Mauern eilen so schnell aufeinander zu, daß ich schon im letzten Zimmer bin und dort im Winkel steht die Falle, in die ich laufe." – „Du mußt nur die Laufrichtung ändern", sagte die Katze und fraß sie.[82]

Und das ist der springende Punkt: Vor dieser Unsicherheit und Ausweglosigkeit hätte ich auch Angst, aber ich bin überreich. Diese Geschichte zählt für mich nicht, sie zählt für 90 Prozent der Gesellschaft. Ich habe *Glück* gehabt. Katharina Pistor würde vielleicht sagen: Recht gehabt.[83] Denn ohne Rechtsstaat kein gesicherter Überreichtum. Und ohne Glück kein Erben.

Wir wissen und spüren, dass es in der Gesellschaft Angst und Unsicherheit in Bezug auf Geld gibt. Sie sind das Ergebnis einer ungleichen Vermögensverteilung. Es gibt immer Ängste, ja. Aber muss es die Angst ums gute Leben sein, wenn eigentlich genug Geld da ist? Diese Gefühle beherrschen uns, sie dienen als Mittel zur

Kontrolle. Wer diese Gefühle schürt, unterdrückt die Fühlenden. Wer die Macht über diese Gefühle hat, beherrscht das System zum eigenen Vorteil. Demokratische Herrschaftsverhältnisse sollten diesen Missbrauch ausschließen, statt eine Gesellschaft auf ein zweckrationalisiertes Zusammensein in streng getakteter Organisation zu reduzieren.[84]

Wenn Menschen zu Humankapital werden, das nach dem Prinzip von Kosten und Nutzen aufgerechnet werden kann, spüren wir, dass etwas nicht stimmt. Es fehlt der Zugang zum Emotionalen, der in Geldfragen so oft geleugnet wird. Wenn Geld aber rein rational wäre, dann müsste es leichter sein, darüber zu sprechen. Es wäre einfach eine Sache, kein Streitthema. Aber in unserem Kapitalismus herrscht ein Spannungsverhältnis zwischen dem, was sein muss, damit das System weiterläuft und dem, was sein soll, damit das Leben Sinn hat.[85]

Das kollektive Rennen im Hamsterrad halte ich für die neurotische Antwort auf Gefühle der Angst, Unsicherheit und Scham in Bezug auf Geld. Und zwar einerseits einem Übermaß an Geld, das Lohnarbeit überflüssig macht, und andererseits einem bedrohlichen Mangel an Geld, der Lohnarbeit unumgänglich macht. Dabei hängen die Ansätze der Konflikte als Fäden in der Luft. Statt aber ein Sicherheitsnetz daraus zu knüpfen, verheddern wir uns bei der Jagd nach der Karotte. Wir taumeln und werden zu einem verstrickten Knäuel, das in einer Maschinerie aus Hamsterrädern einfach weiterpurzelt. Wir sollten hinterfragen, was man uns erzählt, wenn es heißt: Überreichtum oder Armut seien selbst verdient bzw. verschuldet. Sonst fangen wir an, unsere Verstrickungen mit uns selbst zu verwechseln.

Sein und Haben

Es geht beim Geldbesprechen um mehr als das Haben. Es geht ums Sein. Wenn Geldreflexion Selbstreflexion bedeutet, kann es schnell unangenehm werden. Für uns Überreiche gilt in der Regel: Wir lassen's. Viele wollen dennoch souverän wirken und beweisen, dass Überreichtum die Deutungshoheit über Geld mitbringt. Über Geld zu sprechen, indem man nicht über Geld spricht, führt uns aber zu Ersatzthemen und weg vom Geld.

Ganz schnell landen wir in dann in der Wirtschaft, oder beim Arbeitsthema, bei Einkommen statt Vermögen, Meritokratie und Leistungsfetisch.[86] „Meritokratien sind schon per definitionem hierarchisch, da diejenigen mit den besten Fähigkeiten die Regeln festlegen, denen die anderen folgen müssen."[87] Wenn aber die vermeintlich fähigsten Menschen, die *Leistungsträger:innen*, sich einfach das System so zurechtgelegt haben, dass sie immer die *besten* bleiben und daher die Regeln vorgeben können, hat das mit Leistung nichts mehr zu tun. Es geht dann nicht darum, was aus einem Menschen wird, sondern als was er geboren wird. Die Definition eines feudalen Herrschaftssystems liegt der Meritokratie zugrunde.

Die kritische Systemfrage wird dann oft mit der Systemantwort umgangen, sprich: Es ist, wie's ist, weil's ist, wie's ist. Der logische Zirkelschluss soll das Weltbild jener Menschen festigen, die davon profitieren. Ein Kernthema des Konservatismus, laut dem Ungleichheit unumgänglich ist.[88] Daran nichts ändern zu wollen, kommt aber nur von jenen, denen es in so einem System gutgeht. Oder es kommt die Konsumkritik, besonders von Menschen aus bestens ausgestatteten Haushalten mit exquisiter Garderobe, Kunst an den Wänden und Büchern als Deko für das Beistelltischchen. Natürlich bescheiden minimalistisch gehalten. Das neue Biedermeier.

Über den eigenen Überreichtum und das System dahinter zu reden, wird am schwersten, wenn es uns direkt in unserem Menschsein betrifft. Wir sind lieber in der Rolle der Wirtschaftstreibenden und Manager:innen. Wir ziehen die Spendierhosen an und stolzieren mit dem neuesten Taschenspielertrick durch die Steueroase. Wir sehen nicht, dass es ein Steuersumpf ist, in dem das Geld wie stehendes Gewässer vermodert, während die gesellschaftlichen Strukturen vertrocknen.[89] Das Vertrauen in staatliche Strukturen fehlt auf beiden Seiten. Aber 90 Prozent können es sich nicht leisten, sich parallele Strukturen aufzubauen. Eine gefährliche Kettenreaktion bei Überreichtum: Ich bin nicht einverstanden mit der Politik, die mit Geld Dinge tut, die ich nicht beherrschen kann. Mein Geld vertraue ich niemandem an. Ich vertraue mich niemandem an. Was habe ich mit den anderen zu tun? Das ist mein Eigentum, das ist privat: Das bin ich.

Geld und Identität also. Auch hier kenne ich keine gängige Benimmregel fürs Darüber-Reden. Julia Friedrichs beschreibt das Identitätsproblem mit dem Bezug aufs Erbe anhand der Geschichte der Familie Grupp,[90] die restlos mit ihrem Unternehmen verschmilzt. Und anhand der Rockefeller-Erb:innen, die sich kaum von ihrer Geldgeschichte lösen können.[91] Sie scheitern, gefangen in den Fragen: Bin ich mein Geld? Wer bin ich ohne? Und wie sollte das nicht neurotisch und zerbrechlich und abhängig machen? Es ist nicht zu unterschätzen, was Geld mit uns macht.

Wir sind gesellschaftlich in ein Geldsystem eingebettet, das uns dazu verdammt, alles für Geld zu tun – nur in den seltensten Fällen tut Geld etwas für uns. Geld ist ein Versprechen, aber eines auf Zeit – wir werden hingehalten. Kein Hamsterrad ohne Karotte. Solange wir dran glauben und mitmachen, funktioniert es auch. Und diese Versprechen sind überall, sicher ist daran eigentlich nichts. Wir können nicht aus dem Hamsterrad aussteigen und einfach die Karotte nehmen. Die Versprechen berühren die strukturelle Ebene. Soll heißen: Vermögensverteilung ist keine reine Privatsache. Wir sind in unseren Gesellschaften zu eng miteinander verwoben. Und das ist gut so. Wir wirtschaften arbeitsteilig, Wohlstand wird gemeinsam hergestellt, aber sobald es ans Verteilen geht, zeigt sich ein Ordnungszwang, von dem nicht abgerückt wird. Wer wie viel wovon bekommt, wird mit dem spitzen Bleistift ausgerechnet. Die Regeln haben jene gemacht, die mit dem Regeln angefangen haben.[92] Wer die Gesetze zu schreiben beginnt und sich auskennt, schafft sich eine Vormachtstellung. Andere sollen sich nicht einmischen, aber genau dieses Einmischen wäre demokratisch.

Und es beginnt auch im individuellen Rahmen, denn gerade überreiche Menschen sind sich ihrer Privilegien nicht bewusst. Ich habe flammende politische Reden und Empörung über Armut mit großer Leidenschaft von jenen vorgetragen bekommen, die sich weigern, ihre Putzkraft anzumelden. Die Reichen sind immer die anderen, und überhaupt: Wer ist schon reich? Ich doch nicht! Reichwerden ist ein wohlgehütetes Geheimnis. Wenn wir nicht über Geld sprechen, dann wird es so bleiben.

Datenlos zusehen

Transparenz bedeutet: Alle sehen die Regeln und die Daten, auf denen sie beruhen. Es gibt in der Öffentlichkeit der Demokratie keine Geheimniskrämerei. Über Unbekanntes lässt sich nur spekulieren. Und bei Vermögen ist tatsächlich sehr viel sehr schlecht belegt, es fehlen konkrete Zahlen und Daten, wir haben auch keine offizielle Reichtumsgrenze,[93] obwohl wir eine Armutsgrenze haben. Es mangelt damit aber auch an einer sachlichen Gesprächsgrundlage.[94]

Wer hat wie viel und warum? Wer hat das entschieden? Muss das so sein? So bleiben? Diese Gespräche sind selten faktenbasiert. Fakten lassen sich auch nicht debattieren, es sind Fakten. Wir können über Prämissen und Analysen streiten, aber die Fakten bleiben, was sie sind – vorausgesetzt, dass man sie kennt. Diese Gespräche finden also meist auf der Gefühlsebene statt, weil es nicht darum geht, welche Zahl jetzt genau die Grenze zum Überreichtum markiert, sondern wo man selbst in Bezug dazu steht. Zählt man zu den Überreichen? Was bedeutet das?

Macht bei Vermögenden transparent zu machen und diese als aufgeblasen, eitel, unsolidarisch und undemokratisch[95] zu entlarven, gibt die Überreichen dem öffentlichen Urteil preis. Das lässt sich dann aber schwer kontrollieren. Wir wollen bewundert werden, als *super-*, nicht *über*reich – wie Batman. Batman ist überreich und anonym. Das geht nicht grundlos Hand in Hand. Aber eigentlich könnte das Wayne-Imperium auch einfach höhere Steuern zahlen, Gewinne mit

Gotham City teilen und so dazu beitragen, die soziale Krise zu lösen. Stattdessen hüpft der Milliardärs-Spross im Fledermauskostüm nachts durch die Stadt, wo er Verbrecher mit Freiheitsberaubung, gefährlicher Körperverletzung oder sogar mit Mord bedroht. Der sympathische Anti-Held ist tatsächlich ein Straftäter, dessen Überreichtum ihn vor dem Gesetz und der Polizei schützt. Dabei ist es eigentlich deren Aufgabe, Verbrechen aufzuklären.

Diese Art der intransparenten Einmischung ist auch im Europa des 21. Jahrhunderts die Norm unter Überreichen – das Geben und Nehmen der Lobby des großen Geldes: nein zur Transparenz, ja zum Einfluss.[96] Aber: Wen wir nicht kennen, den können wir nicht kritisieren oder gar zur Rechenschaft ziehen. Am Ende erwartet uns die faktenarme Ohnmacht: Das ist halt so, da kann man nichts machen.

Wir können über Vermögen nur sprechen, wenn wir Daten haben. Wir können mit Geld nur umgehen, wenn wir Vermögen nicht mit Kaufkraft verwechseln. Wir können Macht nur entlarven, wenn wir die Hamsterräder und Karotten als jene Zerstörungsmaschinen und leeren Versprechen beschreiben, die sie sind. Geld macht neurotisch und verleitet zur Unterdrückung durch Kontrolle. Wir müssen darüber reden. Sonst bleiben wir Ellenbogen-Igel, die sich zwanghaft in ihren Verstrickungen und Knäueln einrichten wie in einem

Kokon, der das Purzeln durchs Hamsterrad abfedern soll. So entwickeln wir uns nie weiter. Und wenn wir es uns noch so sehr wünschen.

Hygge und Fülle, oder: das Wollen haben

Die Demokratie ist kein Service, sondern eine Herrschaftsform. Wir leben ein bequemes Leben und an jeden zusätzlichen Komfort gewöhnen wir uns rasend schnell. Eula Biss schreibt dazu, dass sich eine Art Anspruchsdenken entwickelt.[97] Wir wollen es gemütlich haben, dagegen spricht nichts. Aber unser westliches Leben in Hygge und Fülle lässt sich nur durch eine schädliche Wirtschaftsweise gewährleisten, und diese verändert auch uns Menschen. Karl Jaspers formuliert es so:

> Im Gang der Dinge selbst entsteht indessen durch Verschleierung eine Grundwahrheit. Die Expansion wird ersetzt durch Arbeitsbeschaffung mittels Zer-

störung, das heißt durch Steigerung der Konsumtion bis zur Vernichtung jedes Bleibenden.[98]

Wenn das Leben der Menschen nur noch daraus besteht, die Finanzwelt in Gang zu halten, wird es sinnentleert. Diese Leere verlangt nach Füllung und in der Systemlogik ist das der Konsum. Der Mensch ist aber älter und beständiger als diese Art zu wirtschaften und zu leben. Wir können Geld auch anders verwenden, bewusster und lebensfreundlicher. Es als Ressource zu betrachten, die das Leben gestaltet und die es deshalb zu teilen gilt, ist ein Ansatz. Leider führt das auch oft zu einer Verwechslung von Shopping mit Aktivismus.

Kauf dich glücklich

Non cogito ergo consum – ein zynisches Wortspiel. Ich denke nicht, also kaufe/konsumiere ich. Ich beobachte, dass die meisten Menschen konsumkritisch sind, aber nicht so handeln – auch ich. Meine Analyse der Absurdität des Konsums hindert mich nicht daran, absurd zu konsumieren. „Das brauchst du doch gar nicht" ist kein Argument. *Brauchen* hat eine viel breitere Bedeutung bekommen und ist nicht mehr nur ans Notwendige geknüpft. Unsere westliche Gesellschaft versucht daher auch schon lange nicht mehr, das Überlebensnotwendige zu decken. Vielmehr gilt es, Bedürfnisse zu schaffen, die wir zuvor nicht hatten. Das Wort Bedürfnis finde ich hier aber irreführend. Ein Bedürfnis kann niemand in mich hineinpflanzen. Aber einen Wunsch nach etwas.

Das Gefühl, etwas zu verpassen, kann mir sehr schnell gegeben werden. Das Bedürfnis, das gestillt werden soll, ist nicht eines nach einer neuen Hose. Ich habe keinen Hosenhunger, der regelmäßigen Hosenkauf verlangt. Ich will etwas anderes. Mit Secondhand beispielsweise den Status *konsumbewusst*. Diese Hose gab's schon, ich heize also die Hosenindustrie nicht an. Tatsächlich habe ich trotzdem eine Hose gekauft, die ich nicht brauche. Ich habe mich selbst beruhigt. Meine alten Hosen kann ich in die Altkleidersammlung bringen. Ich stelle Secondhand her, ich bin schließlich konsumbewusst. Kreislaufwirtschaft. Weltrettung durch Hosenrotation.

Was blende ich bequem aus? Mein Status spiegelt sich in meiner Garderobe wider. Secondhand bedeutet, wer sich so kleidet, ist umweltbewusst und kritisch in Bezug auf die Modeindustrie. Es ist auch ein Statussymbol, diese Kleidung ist auch nicht unbedingt billig. Ich konsumiere das *bessere* Neu, weil ich es mir leisten kann.

> Der Wissenschaft zufolge verursachen wir umso mehr Zerstörung, je mehr Komfort wir genießen. Wie wichtig uns die Welt auch sein mag, wie bewusst wir uns auch verhalten mögen – der zuver-

lässigste Indikator unseres ökologischen
Fußabdrucks ist unser Einkommen.[99]

Was Eula Biss hier beschreibt, gilt nicht nur für Einkommen, sondern auch und vor allem für Vermögen.
Es gibt viel an der Modeindustrie zu kritisieren und der
Trend zur Wiederverwertung ist tendenziell positiv. Vor
allem aber würde ich kritisch darauf blicken wollen,
was hinter einem Kaufverhalten steckt. Warum kaufe
ich Secondhand? Brauche ich günstige Kleidung, oder
will ich ein neues Stück *und* ein gutes Gewissen? Es ist
in Ordnung, wenn mir etwas einfach gefällt. Warum will
ich das nicht zugeben, sondern rede vom Hosen*brauchen*? Und: Müssen Menschen, die ihr Geld konsequent
politisch korrekt einsetzen wollen, jetzt plötzlich jeder
Kaufentscheidung auf den Zahn fühlen und entspre-
chend handeln? Nein.

Kauf dich glücklich – das ist nicht nur ein Thema für
Einzelpersonen, sonder auch der Titel des Systemfeh-
lers. Mit Belohnung und Freude, mit Glück und Zugehörigkeit zur Gruppe zu spielen, gehört zum Kerngе-
schäft des Marketing. Eine Hose aus zweiter Hand kann
mir niemand so leicht madig machen, eine Hose eines
großen Kleidungsherstellers schon. Mein Bedürfnis danach, für mein Konsumverhalten innerhalb der Gruppe
Anerkennung zu bekommen, bestimmt mein Kaufverhalten stärker als mein Bedürfnis nach Kleidung. Ich

will, dass meine Hose besser ist, denn sie macht mich besser. Meine Hose wurde vielleicht auch ausbeuterisch gefertigt, aber ich zahle nicht dafür, sondern zeige der Welt mit meiner Hose, dass es nichts Neues braucht, wenn das Alte noch gut ist. Damit bleibe ich „der Esel hoch zu Ross"[100] und verfange mich in Rechtfertigungen für mein Kaufverhalten und Geldausgeben.

Denn das liegt dem Kaufen zugrunde: Mein Geld verwende ich zur Versorgung. Ich bin schon mit Hosen versorgt. Kleider machen Leute. Ich will dazugehören und kaufe mich in die Gruppe der Konsumbewussten ein. Wo es keinen Hosengrund gibt, mache ich mir einen. Mein Kaufen ist besser als das der anderen. Ich kaufe besser, also bin ich besser. Ich bin moralisch überlegen, aus dem Schneider, wenn man so will. Meine Überlegenheit in Konsumfragen spricht für sich.

Auf welcher Stufe wir stehen

Der Trick hier ist, dass die Frage nach der politischen Verantwortung einmal mehr auf die Konsumebene verschoben wurde. Dort hat sie aber nichts verloren. Die Art und Weise, wie wir wirtschaften und konsumieren, muss sich ändern, aber dafür müssen wir auf der Systemebene ansetzen. Karl Jaspers sagt es ganz deutlich:

> Wir dürfen auch nicht behaupten, daß
> der Wirtschaftszustand der freien Welt

in Ordnung sei. Die moderne Wirtschaft, die ihrer Herkunft nach expansiv ist, muß sich in ihrer Struktur und ihrem Ethos von Grund aus wandeln, wenn die Expansion an der Enge der endgültig verteilten Erde ein Ende gefunden hat.[101]

Ein Mensch, der Kleidung bei der großen Modeindustrie kauft, ist nicht an der Ausbeutung der Näher:innen schuld. Punkt. Das hindert aber trotzdem niemanden daran, sich ernsthaft mit dem eigenen Konsumverhalten auseinanderzusetzen. Fragen können uns als Einzelnen helfen, bewusster einzukaufen, aber sie retten die Welt nicht. Denn das Gesetz von Angebot und Nachfrage ist auf dieser Ebene ein großer Unfug. Die Nachfrage nach Secondhand wird nicht die Industriehosen verdrängen, sondern die Altkleidung daneben ins Regal hieven. Wir überschätzen unsere Kaufmacht. Und wir unterschätzen unsere politische Macht. Aber genau das ist ja gerade der springende Punkt.

Menschen, die schon im Wohlstand leben, sollten sich überlegen, ob sie eine Politik wollen, die nur ihren Wohlstand sichert, indem sie ihn durch Ausbeutung garantiert, oder ob sie eine Politik wollen, die allen Wohlstand zusichert, weil das, was es dafür braucht, gerecht verteilt wird. Die Strukturen, die wir dafür ändern müssen, befinden sich allerdings nicht auf der unmittelbaren individuellen (Einkaufs-)Ebene, sondern auf der gesellschaftlichen.

Was hat das noch mit Geld zu tun? Konsum zu politisieren ist ein Trick des Marketing. Ich kaufe nicht bewusst, das bilde ich mir ein. Ich kaufe das, was mir als gutes Kaufen verkauft wird. Das macht mein Kaufen zum besseren Kaufen. Und das darf auch etwas kosten. Also brauche ich fürs bessere Kaufen auch mehr Geld. Mein Geld ist mein Kaufen und zeigt, dass mein Geld das bessere Geld ist, weil es besser kauft. Das gute Gewissen gibt es extra dazu, alles sehr bequem. *Comfort kills creativity* – die Weltrettung kann man aber nicht kaufen, sie ist ein politisches Produkt und braucht Handeln. Darunter verstehe ich das aktive Verhandeln der Welt, geführt von freien und gleichberechtigten Menschen.

Freiheit & Befreiung

Ich betrachte Geld als die Ausdrucksform einer gesellschaftlichen Realität. Daran, wie wir Geld verwenden, zeigt sich auch, wie wir gesellschaftlich miteinander umgehen. Wer beutet wen aus? Wessen Unfreiheit bezahlt für den westlichen Wohlstand? Geld macht Ausbeutung vielleicht einfacher und internationaler, aber es ist nicht ihr Grund – der liegt bei den Menschen und ihren Herrschaftsfantasien. Der Wunsch nach einer einzelnen Ursache, die man beheben kann, um ein komplexes Problem zu lösen, ist verständlich. Aber wenn Geld das alleinige Problem wäre, müssten wir es nur abschaffen. Warum tun wir es nicht? Warum befreien wir uns nicht einfach?

Eula Biss schreibt über die Macht- und Gewaltverhältnisse zur Zeit des langsamen Aufkommens des Kapitalismus. Dafür setzt sie sich unter anderem mit der Historikerin Silvia Federici auseinander, die beschreibt, dass der Kapitalismus weder ein Naturprodukt noch die höher entwickelte Konsequenz des Feudalismus darstelle – und schon gar keine Revolution. „Kapitalismus war die Antwort der Feudalherren, reichen Händler, Bischöfe und Päpste auf einen jahrhundertelangen gesellschaftlichen Konflikt, der letztlich ihre Macht ins Wanken brachte." Der Kapitalismus, schreibt sie, sei eine Gegenrevolution gewesen.[102]

Dass Geld als solches erst an der Schwelle vom Mittelalter zur Neuzeit aufkam,[103] scheint mir passend. Die Versorgung wurde neu geregelt, Geld als neues Gut war der Schlüssel dazu. Die gesellschaftlichen Konflikte und Beziehungen gab es davor schon und es gibt sie immer noch. Sie drehen sich vor allem um Freiheit und Sicherheit, aber auch um die Frage danach, wer über wen bestimmen darf.

Viele in der Gesellschaft brauchen/wollen Geld/mehr Geld. Warum? Oft heißt es, um frei(er) zu werden. Frei(er) wovon? Für ganz viele Menschen drückt sich das vermutlich wirklich einfach darin aus, dass sie gern weniger Sorgen um Miete, Essen, Kleidung etc. hätten. Die Menschen ohne diese Sorgen, die Vermögenden und Überreichen, sprechen auch von mehr Freiheit. Welche Freiheit meinen sie? Ich behaupte, sie verwechseln individuelle Freiheit und politische Vormachtstellung, denn sie sprechen von Zwängen und berufen sich dabei auf einen Freiheitsbegriff, der unpolitisch ist, weil er auch in unterdrückenden Regierungsformen gelten soll.[104] Die wirtschaftliche Freiheit, die der Neoliberalismus predigt, ist ein beschönigender Ausdruck für rücksichtslosen und gewinnorientierten Egoismus, der für Kritik restlos unempfänglich geworden ist. Freiheit und Befreiung sollte man nicht verwechseln – das hat viel mit Geld zu tun.

Hannah Arendt schreibt in *Die Freiheit, frei zu sein* über den Unterschied zwischen Freiheit und Befreiung ganz klar:

> Freiheiten im Sinne von Bürgerrechten sind das Ergebnis von Befreiung, aber sie sind keineswegs der tatsächliche Inhalt von Freiheit, deren Wesenskern der Zugang zum öffentlichen Bereich und die Beteiligung an den Regierungsgeschäften sind. [...] Kompliziert wird es dann, wenn es der Revolution um Befreiung *und* Freiheit geht, und da Befreiung ja tatsächlich eine Bedingung für Freiheit ist – wenn-

gleich Freiheit keineswegs zwangsläufig das Ergebnis von Befreiung ist –, ist es schwer, zu entscheiden, wo der Wunsch nach Befreiung, also frei zu sein von Unterdrückung, endet und der Wunsch nach Freiheit, also ein politisches Leben zu führen, beginnt.[105]

Politische Freiheit kann keine Privatangelegenheit sein. Sie ist eine öffentliche Sache, eine *res publica,* sie braucht eine Verfassung, die den Zugang zur gemeinsamen Gestaltung des Zusammenlebens so regelt, dass alle gleichermaßen frei sind, sich politisch einzubringen.[106]

Arendt stellt außerdem klar, dass eine gewaltsame Befreiung keine Garantie für einen erfolgreichen und nachhaltigen politischen Wandlungsprozess hin zu mehr Freiheit bedeutet.[107] Der Prozess, den es braucht, lässt sich nicht schmücken und überdecken. Er lässt sich auch nicht wahllos diktieren. Wenn politische Autorität und damit auch die politische Gestaltungsmacht bröckelt, dann kann der Veränderungswille greifen – stabile Regierungsmacht ist immun gegen revolutionäre Prozesse.[108] Übertragen auf Geld bedeutet das, dass die Macht von Vermögen mit der Anhäufung von Geld verbunden ist – wenn diese Verknüpfung aufgebrochen und Gleichheit hergestellt wird, verliert Geld seinen Machtfaktor, der politische Freiheit unterdrückt. Wenn diese

Macht zerbricht, braucht es Menschen, die die Verantwortung übernehmen, damit die politische Freiheit eine
wirkliche Freiheit sein kann.[109] Aber es darf nicht von
oben herab gehandelt werden, sondern es müssen so-
gleich eine politische Augenhöhe und demokratische
Mitbestimmung sichergestellt werden.

Hannah Arendt geht dafür auf Revolutionen ein, weil
sie die Frage der Freiheit und des Begriffs davon deutlich machen.[110] Sie vergleicht die Amerikanische und
die Französische Revolution. Als wichtig streicht sie
zunächst heraus, dass die Amerikanische Revolution
zwar mit Gewalt beginnt, um die Befreiung zu schaffen,
aber dann in eine Phase der Diskussion übergeht, die es
braucht, um die neue Politik zu bestimmen.[111] Soll heißen: Die Befreiten sprechen darüber, wie sie Freiheit
herstellen können. Das gelingt auch, allerdings nur zum
Teil. Denn sowohl vor als auch nach der Amerikani-
schen Revolution waren *schwarze* Menschen versklavt
und aufgrund einer niederträchtigen Rassenideologie
entmenschlicht.[112] Ihr Elend wurde nicht berücksichtigt,
ihr Grundrecht auf Freiheit war undenkbar. Die Französische Revolution dagegen brachte die Elenden auf die
Straße, machte sie sichtbar. „Als das geschah, stellte
sich heraus, dass nicht nur die Freiheit, sondern auch
die Freiheit, frei zu sein, stets nur das Privileg einiger
weniger gewesen war."[113] Diese Sichtbarkeit des Elends
konfrontierte die Revolutionär:innen mit der Aufgabe,

„die Menschen zu befreien, damit sie frei sein konnten.“[114] Doch es endete im Terror, weil diese Menschen auf ihre Armut und ihr Elend reduziert wurden und mit ihnen der Freiheitsbegriff.[115] Arendt beschreibt die politische Bevormundung, die aus dem Mitleid entsteht, das kein Mitgefühl, sondern maskierte Geringschätzung ist. Sie schreibt klar, „dass die Überwindung der Armut eine Voraussetzung für die Begründung der Freiheit ist [und] dass die Befreiung von der Armut etwas anderes ist als die Befreiung von politischer Unterdrückung.“[116] Politische Mitbestimmung gestaltet sich durch Wahlen, Presse-, Versammlungs- und Meinungsfreiheit. Es ist die Freiheit der Öffentlichkeit, sich selbst zu verwalten. Wenn das stirbt, wie etwa in der russischen Oktoberrevolution, geht die Macht an die herrschende Elitenclique,[117] die alles bündelt, was Macht bedeutet, und somit Befreiung und Freiheit verhindert.

Albert Camus sagt in seiner Rede *Das Brot und die Freiheit:* „Die Unterdrückten wollen nicht nur von ihrem Hunger befreit sein, sondern auch von ihren Herren.“[118] Heute ist politische Mitbestimmung ganz klar an Vermögen geknüpft. Geld ist das wirksamste Mittel gegen Armut. Es stellt die Möglichkeit der Freiheit innerhalb einer Gesellschaft her, die ihre gesamte Versorgung finanzialisiert hat. Den Menschen, die Geld brauchen, ihre finanzielle Freiheit zu verwehren, bedeutet bei Camus gleichermaßen, sie zu unterdrücken: „Je mehr die Freiheit in der Welt an Boden verliert, desto mehr wächst das Elend und umgekehrt."[119] Verteilungsgerechtigkeit ist nicht nur dazu gedacht, Menschen aus der Armut zu befreien, indem sie den gleichberechtigten Zugang zu den Ressourcen erhalten, die sie mitproduzieren. Verteilungsgerechtigkeit dient auch ganz klar dazu, die Macht in den Händen der Überreichen wieder auf das demokratische Maß zu reduzieren. Camus schreibt zur Freiheit: „Man wählt sie zugleich mit der Gerechtigkeit, und wahrhaftig, in Zukunft ist es für uns nicht mehr möglich, die eine ohne die andere zu wählen."[120]

Camus stellt außerdem zur politischen Mitbestimmung auch die Kategorien der Kultur und der Pflicht auf, wenn er die Freiheit von allen und für alle definiert, statt einen elitären Begriff daraus zu machen. Freiheit, die aus Privilegien besteht, ist keine: „Freiheit besteht in erster Linie nicht aus Privilegien, sondern aus Pflichten."[121]

Er betrachtet es als Verrat der Intellektuellen, wenn sie ihre Privilegien auf Kosten der Arbeiter:innen einfach hinnehmen und zulassen, dass die Kultur von den Mächtigen diktiert wird.[122] Es entlarvt sie als feige Elite, die den theoretischen Freiheitsbegriff großartig findet, diesen aber ebenso schnell aufgibt, sobald es unangenehm wird und Rückgrat gezeigt werden sollte.[123] Am Ende seiner Rede stellt er erneut klar, dass Freiheit für ihn kein Geschenk ist. Sondern, wie bei Arendt, besteht

Freiheit aus dem gemeinsamen Bemühen um sie; ohne Bezug zur Gesellschaft hat der Begriff keinen Sinn.

Es gibt keinen Abschluss, kein Ende der Geschichte. Es gibt das Bemühen aller für alle. Dafür müssen die Menschen gleich an Freiheit sein, politisch ebenbürtig. Egal, welches Mittel sie unterdrückt; Machtmissbrauch durch Gewalt oder Geld oder Sonstiges – so ein Mittel ist ungerecht, undemokratisch und muss reguliert werden, wenn man die Würde und Rechte des Menschen ernst nimmt.

Wer hat, der gibt?

Die Freiheit der Einzelnen ist nur in einer Gruppe relevant und kann dort nur begrenzt sein. Hätten alle gleich viel Freiheit, wären sie ebenbürtig, es gäbe keine ungewollten Abhängigkeitsverhältnisse. In unserer Gesellschaft wird Freiheit auf ein Gut reduziert, das man haben, also kaufen kann. Sie ist ein teures Privileg – wer sie hat, will sie halten. Dass sie an Geld geknüpft ist, hat politische Konsequenzen.

Überreiche Menschen identifizieren sich oft stark mit ihrem Reichtum. Daher deuten sie ihre Macht gern um und sprechen von Freiheit und Verantwortung. Sie betonen, dass sie Gutes tun, was schon deshalb gut sei, weil sie *frei* wären, es sein zu lassen. Philanthropie ist ein Feigenblatt. Überreichtum zeigt sich auch oft in falscher Bescheidenheit. Wer betont bescheiden lebt, verkennt die Lebensrealität jener Menschen, die bescheiden leben, weil sie es sich anders nicht leisten können. Dahinter steckt eine romantische Verklärung, die zum Selbstbetrug wird. Wer reich ist, möchte nicht als reich bezeichnet werden – man ist vermögend oder wohlhabend. Alle Umdeutungen verschwinden, wenn die Wahrheit ausgesprochen wird. Die Überidentifikation mit Vermögen hat auch einen Namen: Eigentum. Man ist, was man hat.

Diese Verflechtung aufzulösen ist eine große Herausforderung, der sich die wenigsten gern stellen. Dahinter steckt die Frage: Bin ich (nur) mein Geld? Es braucht dafür den ehrlichen Blick in den Spiegel. Was sehen wir? Mehr Geld als notwendig, um den eigenen Lebensstandard aufrechtzuerhalten? Geld derart angelegt, dass es immer mehr wird und mehr und mehr? Spenden, um das eigene Unbehagen zu beruhigen, das Gewissen zum Schweigen zu bringen? Überreiche Menschen wissen, dass es ungerecht ist, dass sie *zu viel* haben. Sie trösten sich mit Rationalisierungsversuchen, dass es nun mal so sei und das sei hart, aber was könne man schon machen, man könne nichts dafür etc.

Das soll die Ungerechtigkeit von Überreichtum rechtfertigen. Die Weitergabe an die Kinder sorgt dann dafür, dass die Ungerechtigkeit auch generationenübergreifend bestehen bleibt – die eigenen Kinder sind mehr wert als andere. Dafür zu sorgen, dass sie erben können und sie damit von der Arbeitspflicht zu entbinden, verhindert aber auch, dass diese Kinder sich an der Gesellschaft beteiligen. Arbeit ist nämlich ein Ausdruck für das Verständnis, dass wir in unserer Gesellschaft in wechselseitige Verpflichtungen eingewoben sind. Nur sichert Arbeit kein Vermögen, im Gegensatz zur dynastischen Weitergabe, dem Horten über den Tod hinaus. Wer daraus ein schlechtes Gewissen ableitet, hat mein vollstes Verständnis. Und wer daraufhin die Welt der Philanthropie auf der Seite der Gebenden betritt, wird sofort mit einer neuen vermeintlichen Selbstverständlichkeit eingelullt, wie am Beispiel von Andrew Carnegie feststellbar ist, der betonte, reiche Menschen seien gleichsam auserwählt und deshalb auch der Mehrzahl der Menschen moralisch überlegen.[124]

Meistens steckt kein böser Wille dahinter, sondern der allerbeste. Dass die meisten Aufgaben, die von Philanthrop:innen als attraktiv betrachtet werden, eigentlich in die Fürsorgepflicht des Sozialstaats fallen, wird bequem ausgeblendet.[125] Der Sozialstaat kümmert sich um alle Mitglieder der Gesellschaft. Bei der Philanthropie wird das private Interesse zum Dreh- und Angelpunkt der Hilfsleistungen.[126]

Bei der Finanzierung von Museen, Konzerthallen, Krankenhausflügeln oder auch Schulen entsteht oft der Eindruck, dass es nicht reicht, wenn die Geldgeber:innen das Ergebnis sehen, anfassen und betreten können. Sie haben es schließlich bezahlt. Also gehört es ihnen irgendwie, aber irgendwie auch nicht, denn es war ja eine Spende. Ich würde sagen, es ist ein Schmuck. Alles muss hübsch sein, groß und besonders. Der Name der Geldgeber:innen muss da stehen, damit man nicht vergisst, dass eine mangelhafte Umverteilung durch Steuern der Grund dafür ist, dass diese Gebäude und Einrichtungen nicht aus der öffentlichen Hand finanziert wurden, an der wir alle beteiligt sind, weshalb wir gemeinsam stolz sein könnten, sondern dass wir uns über Überreichtum freuen sollen, wenn ein Teil davon zur Gesellschaft zurückgelenkt wird. Philanthropie dient Überreichen zur Sicherung ihres Status als wohlwollende Wohlhabende und legitimiert ihren Überreichtum durch die Hintertür. Einzelne lassen sich leichter für das Stiften von Museen bewundern als Staaten für das Bauen von Krankenhäusern. Martin Schürz schreibt: „Nüchtern betrachtet, schenken sie ihren Reichtum nicht her, sondern investieren einen Teil davon, meist mit steuerlichen Vorteilen, in seine Absicherung und in das eigene moralische Wohlbefinden."[127]

Wer hat, der gibt. Haben ist selbstverständlich die Bedingung fürs Geben. Wer hat? Wer gibt? Und was ist, wenn Haben nie zu Vermögen wird? Wenn es als Einkommen im Fluss bleibt, in den Händen zerrinnt? Das Soll frisst das Haben auf, was bleibt, sind rote Zahlen. „Wer hat, der gibt" – ein Luxusproblem der Überreichen ist, dass sie arbeiten und geben können, wenn sie wollen; es ist ja unser Vermögen. Es gibt kein Sollen, das ein verschleiertes Müssen wäre.

Hier verbirgt sich eine vermeintliche Freiheit, gut zu sein, obwohl man ja gar nicht muss. Es wird bewundert, wenn Vermögende freiwillig etwas abgeben. Verschwiegen wird, dass sie das machen, weil sie mitunter sicher sein können, dass ihnen ohnehin genug bleibt. *Wie viel ist genug?* ist für Überreiche keine Frage, sondern eine Entscheidung.

Privateigentum kommt nicht von ungefähr, und „Philanthropie darf keine Alternative zum Sozialstaat sein."[128] Die Spendierhosen sind kein Samaritermantel. Authentisches Mitgefühl, das Philanthrop:innen unterstellt wird, bedeutet eigentlich, sich das größere Ganze zu besehen und an den Strukturen etwas zu ändern, die der herrschenden Ungerechtigkeit zugrunde liegen. Stattdessen werden sie durch Vermögenserhalt gefestigt, etwa durch die Gründung einer Stiftung, die Kapital an der Steuer vorbeischleust und mit der Rendite auf Kapitalerträge am Finanzmarkt die (staatliche) Mangelverwaltung bezahlt.

Verschwiegen wird auch, aus welchen Quellen dieses vermeintlich gute Geld kommt. Wo wird es angelegt? In Öl? Waffen? In Unternehmen, die ihre Angestellten ausbeuten? Die wenigsten Stiftungen sind transparent und Privatpersonen sind es noch weniger. Das Geld meiner

Familie hat es durch den zweiten Weltkrieg geschafft – niemand fragt wie. Die Voraussetzungen dafür, dass es so viel Privatvermögen in meiner Familie gibt, sind strukturell mit der europäischen Gewaltgeschichte des 19. und 20. Jahrhunderts verbunden. Ich werde auf den Stolz angesprochen, den ich für das Unternehmertum meiner Vorfahren fühlen sollte, aber es wird verschwiegen, dass BASF bei der Gründung der IG Farben dabei war. Ich kenne keine Details und die Schuldfrage interessiert mich nicht, dafür sind Gerichte zuständig. Die Herkunft meines Geldes ist aber ebenso wichtig wie dessen künftige Verwendung.

Private Interessen stehen öffentlichen entgegen, wenn Einzelpersonen Geld aus der Öffentlichkeit saugen – Stichworte Steueroptimierung, -vermeidung, -flucht und -raub. Der Staat ist nicht schlank, er ist ausgemergelt und angewiesen auf jede Stütze. Privates Wohlwollen wird systemrelevant und verlangt Anerkennung, obwohl es nie so weit hätte kommen dürfen. Die Öffentlichkeit muss durchgreifen. Dafür braucht es erstens Daten und zweitens ein ernstes Geldgespräch, das offenlegt, wie diese Vermögen entstanden sind, die jetzt dem Sozialstaat ach so großzügig unter die Arme greifen. Wenn der Staat mit öffentlichen Geldern Unfug treibt, erlaubt die Demokratie zu Recht, dass die Medien darüber berichten und das Volk dagegen demonstriert. Wenn der Geldfluss eine private Entscheidung von Spender:innen ist, hat man dankbar die Klappe zu halten oder man riskiert, dass der Geldhahn zugedreht wird. Diese finanzielle Unsicherheit bedroht den Sozialstaat, statt ihn zu stützen.[129]

Der Konflikt zwischen privaten und öffentlichen Interessen ist komplex. Ich finde in einer weiteren Erzählung von Franz Kafka zwei treffende Beschreibungen:

> Unsere Gesetze sind leider nicht allgemein bekannt, sie sind Geheimnis der kleinen Adelsgruppe, welche uns beherrscht. Wir sind davon überzeugt, daß diese alten Gesetze genau eingehalten werden, aber es ist doch etwas äußerst Quälendes nach Gesetzen beherrscht zu werden, die man nicht kennt.[130]

Die Erzählung endet mit diesem Satz: „Das einzige sichtbare zweifellose Gesetz, das uns auferlegt ist, ist der Adel und um dieses einzige Gesetz sollten wir uns selbst bringen wollen?"[131] Kafka schreibt, dass Auswegslosigkeit eine Geschichte sei, die sich das Volk selbst erzähle. Aber: Selbstverständlich ist etwas nur, solange es als selbstverständlich vorausgesetzt wird.

Für viele scheint es undenkbar, die Philanthropie abzuschaffen. Es ist unvorstellbar, weil Überreichtum und Armut, also Ungleichheit, so fest in den Gedanken verankert sind. Sie sind zwei Seiten derselben Münze. Anstatt sie auf den Boden fallen zu lassen, sodass die Armen das Gesicht im Staub haben, während die Überreichen ihre Nase in den Himmel strecken können, sollten wir sie auf die Kante stellen. Dafür braucht es ein gewisses Fingerspitzengefühl. Und vermutlich mehrere Versuche, weil es nicht auf Anhieb gelingen wird. Wer allerdings ernsthaft die Armut abschaffen will, muss auch ernsthaft den Überreichtum abschaffen wollen. Darum ist die Diskussion über eine Reichtumsgrenze wichtig, und zwar auf Basis von Daten.[132] Mindestens ebenso wichtig ist es, die Dinge beim Namen zu nennen.

Geld ist Klasse

Die Gesellschaft anhand ihrer Klassen zu beschreiben, kann dabei helfen zu verstehen, was unser Beziehungssystem regelt. Es gibt unzählige Definitionen, Eula Biss zählt auch einige auf und wirft dabei einen kritischen Blick auf das Konzept, ohne es zu verwerfen.[133] Besonders ein Begriff scheint mir hilfreich: *„opportunity hoarding"*[134], also das Horten von Möglichkeiten. Horten ist treffend, finde ich, denn dabei schwingen Missgunst und Geiz mit. Ich würde auch sagen, dass sich im modernen Rollenverständnis Klassenzugehörigkeit besonders daran zeigt, welche strukturellen Möglichkeiten ein Mensch hat und welche ihm verwehrt sind. Ob es Möglichkeiten gibt, hängt dabei mehr mit Geld zusammen als mit Fähigkeiten. Brillanzproblem im Bilanzsystem?

Dennoch wird oft behauptet, dass manche Menschen faul oder unfähig seien, und dabei wird ausgeblendet, dass Geld den Weg ebnet. Bildung etwa lässt sich bezahlen: direkt durch Gebühren für private Einrichtungen und indirekt durch die finanzielle Unterstützung von Studierenden durch ihre Familie, damit sie keine Lohnarbeit verrichten müssen, sondern in Ruhe lernen können. Es ist nicht deshalb schwer, an Eliteuniversitäten zu studieren, weil Einstiegstests oder hohe Anforderungen an Abschlusszeugnisse Hürden darstellen würden. Es sind finanzielle Hürden, die hier wirken, und zwar unter dem Deckmantel vermeintlicher Exzellenz.[135] Und es schadet nie, wenn man *Connections* hat. Biss trifft in Bezugnahme auf Bourdieu den Nagel auf den Kopf: „Dieser Ansatz definiert Klasse danach, über wie viel wirtschaftliches, kulturelles und gesellschaftliches Kapital man jeweils verfügt. Anders gesagt: was man hat, was man weiß und wen man kennt."[136] Status ist ein elitärer Etikettenschwindel, ein So-tun-als-ob, das auf die vermeintliche Selbstverständlichkeit der Überlegenheit einer Klasse abzielt.

Der Begriff der Klasse, den ich verwende, ist an die Definition einer Organisation in den USA angelehnt. *Resource Generation* definiert Klassenunterschiede anhand von Zugang zu Vermögen und Privilegien.[137] Folgende Klassen werden unterschieden: die Klasse der Armen and arbeitenden Armen, die Arbeiter:innenklasse, die Mittelklasse, die leitende/Manager:innen-Klasse und die besitzende/herrschende Klasse. Geld, Status und Macht sind in all diesen Klassen extrem ungleich verteilt. Dabei finden Menschen aus der herrschenden Klasse ihre besten Verbündeten tatsächlich bei den Arbeiter:innen und in der Mittelklasse. Solange Verteilungskonflikte dort intern ausgetragen werden, können Überreiche sich entspannt zurücklehnen: teile und herrsche.

Ich komme auch aus der besitzenden und herrschenden Klasse. Mein Vermögen besteht aus allerhand Ressourcen, Kontakten, Zugängen zu Institutionen und viel geparktem Geld, das nicht verwendet und oft auch nicht gebraucht wird. All das wurde über Jahrzehnte angesammelt, *gehortet.* Damit steht mir restlos frei, was ich denn jetzt damit machen möchte. Nichts davon muss ich mir erarbeiten, vieles ist durch Arbeit kaum erreichbar, so stark schottet sich meine Klasse ab, um nicht teilen zu müssen. Was alledem zugrunde liegt, ist die Annahme, dass es rechtens sei, wenn die Person, die Vermögen ihr Eigentum nennt, die Zusammenhänge einer modernen Klassengesellschaft ausblendet und damit tut und lässt, was Lust und Laune diktieren. Oder mit Kafka: „Was der Adel tut, ist Gesetz."[138]

Wer es sich leisten kann, nutzt den Zugang zum Recht über Finanz-, Steuer- und Anlageberatung, um das Vermögen so groß und privat zu halten wie irgend möglich.[139]

Der Staat, der die Rechtsgrundlage garantiert, die es genau für diese Praktiken braucht, wird dabei systematisch von der Teilhabe an den Vermögen ausgeschlossen, die es ohne ihn als Voraussetzung nicht gäbe. Aber meine Klasse denkt nicht in solchen gesellschaftlichen Zusammenhängen, sondern in hyperindividualisierten, bestenfalls familiären. Der Vermögenserhalt in der Familie ist ein Kernanliegen des reichsten Prozents, das macht Erbschaften so wichtig. Erbschaften werden aber beobachtet, daher handeln Überreiche mit verschleierten Formen der Vermögensübertragung. Zynisch könnte ich formulieren: Erben ist was für Arme, Reiche schenken und übertragen.

Klassen ziehen Grenzen zwischen Menschen und festigen die Selbstverständlichkeiten, in denen sie sich bewegen. Beziehungen, die über Klassengrenzen hinweg geführt werden sollen, brauchen daher besondere Vorsicht. Überreiche müssen sich ihrer Privilegien bewusst werden und machtkritisch damit umgehen. Das verlangt zuerst ein hohes Maß an Selbstreflexion. Wenn die fehlt, dann werden gerade jene Menschen, die unter der Ungleichheit leiden, dafür hergenommen, den Konflikt zu lösen, der eigentlich auf der Seite des Geldes zu Hause ist. Kritisches Reich-Sein ist das Mindestmaß an Respekt, das es braucht. Gut gemeint ist aber nicht genug. Das reicht nämlich nicht, es verleitet nur wieder dazu, sich mit Geld rauszukaufen, etwa durch Almosen, anstatt sich damit auseinanderzusetzen, dass Geld einen Menschen weder besser noch schlechter macht.

Wenn ich einer armen Person Geld gebe, reduziere ich uns beide darauf. Und behalte gleichzeitig die Deutungshoheit. Ich trete aus dem Vermögen ins Machen, ich wechsle aus dem Konjunktiv in den Indikativ, weil ich kann. Ich mache dadurch konkret, wie die Verhältnisse stehen: Nur meine Hand kann sie aktiv gestalten. Der anderen Person bleibt nur eine Möglichkeit, Macht zu zeigen: die Ablehnung des Almosens. Eine Freiheit, welche überreiche Menschen gern als Undank verunglimpfen und als falschen Stolz zurückweisen. Auf der individuellen Ebene ein strukturelles Problem lösen zu wollen, muss schiefgehen. Die Fragen hängen nicht im Raum, sie füllen geradezu die Zimmer: Warum gebe ich wirklich? Für wen mache ich das, und zwar ehrlich? Wie siehst du mich und ich dich? Warum? Bin ich nur eine volle Geldbörse und du eine leere?

Eine Möglichkeit, diese Beziehungen zu führen, ist, das Gespräch über Geld ernst zu nehmen. Damit geht einher, sich mit Rückverteilung einerseits und Reparationen und Umverteilung durch Steuern andererseits zu befassen. Es ist auch wichtig, den eigenen Platz in der Arbeitswelt zu verstehen, denn die Freizeitgestaltung sagt viel über den Stand einer Klasse in der Gesellschaft aus, wenn Arbeit eine Entscheidung und keine Notwendigkeit ist.[140] Und wenn Bezahlung ein Symbol für Prestige und Respekt wird, aber nichts mehr mit der Versorgung der Bedürfnisse zu tun hat, droht Entfremdung.

> Unsere Reichen arbeiten oder tun wenigstens so, als seien sie viel beschäftigt. Stattdessen ist eine neue Klasse entstanden, deren Angehörige nicht gegen Geld arbeiten. Sie werden zwar bezahlt, aber darum geht es nicht. Sie arbeiten für ein Gefühl der Erfüllung, ihr Lohn ist die Arbeit selbst.[141]

Es gibt nicht so viele Überreiche, dass sie nicht auch in Kontakt mit Nicht-Überreichen kommen würden. Sie tun es mehrheitlich – Abschottung hin oder der. Nähe kann entstehen und das Gefühl, dazugehören zu wollen. Es ist menschlich, also passt man sich an, engagiert sich politisch durch Aktivismus, nimmt einen Job an, der schlecht bezahlt ist und über den man sich mit den anderen beschweren kann. Es ist die bestgemeinte Form der Heuchelei. Und sie beschreibt eigentlich eine Zerrissenheit. Überreiche, die so unter dem Radar fliegen, bemühen sich um gesellschaftliche Zugehörigkeit. Sie können es sich in der Regel leisten, wenige Stunden zu arbeiten, und haben mehr freie Zeit übrig.

Alle Menschen sollten so leben können, wenn sie wollten. Darum ist der Weg aus der Zwickmühle in meinen

Augen: Farbe bekennen und sich politisch engagieren. Auch bei Martin Schürz heißt es: „Das Anliegen ist einfach: Es geht um die Verteidigung der Idee der politischen Gleichheit und um die Kritik zerstörerischer Folgen von exzessivem Reichtum."[142] Dass das alles andere als einfach sein kann, ist mir durchaus bewusst. Eula Biss schreibt zu einer Studie von Rachel Sherman über die reichsten zwei Prozent der Bevölkerung:

> Ihre Studie zeigt, dass sehr reiche Menschen sich mit ihrem Reichtum nicht wohlfühlen. Wenn sie Arschlöcher sind, dann solche, die nicht im Reinen mit sich sind. [...] Sie geben nicht mit ihrem Reichtum an, sondern mit ihrer Sparsamkeit. [...] Die Reichen fühlen sich moralisch kompromittiert und versuchen deshalb, sich gut zu verhalten.[143]

Nicht allein das Wirtschaftssystem wird dieses Spannungsverhältnis lösen, sondern vielmehr unser Bezug zu Geld, unsere Beziehungsarbeit und unser Verständnis von Gleichberechtigung im demokratischen Miteinander. Außerdem bildet sich gerade eine Erb:innenklasse, die Julia Friedrichs ausführlich untersucht.[144] Es ist nicht egal, wie diese Klasse an Erb:innen sich definiert, wie sie sich fühlt und in die Gesellschaft eingliedert. Es ist wichtig, sich mit ihnen auseinanderzusetzen, weil sie durch Erbschaften Zugang zu substanzieller politischer Macht erhalten werden. Friedrichs schreibt, dass es naheliegt, sich nicht für diese Erb:innenklasse zu interessieren, aber sie gibt zu bedenken, was Thomas Piketty beschreibt:

> Der stete Strom der Erbschaften droht das Fundament unseres Zusammenlebens auszuwaschen. Wenn tatsächlich drei Billionen in den kommenden zehn Jahren nahezu unversteuert weitergereicht werden, so wird das nicht nur das Leben des einzelnen Erben verändern, sondern die Statik des Ganzen.[145]

Denn es zeigt sich, dass dieser privilegierte Zugang zu Vermögen auch dafür sorgt, Privilegien zu verfestigen.[146] Es entsteht eine neue Rolle im System, sie gründet auf Geldvermögen und sollte definiert werden. Die neuen Verbindlichkeiten innerhalb der Gesellschaft, also die neuen Beziehungen, müssen dann ebenfalls geregelt werden. Es wäre seltsam, einem Menschen Essen zu geben, *weil* er satt ist. Es ist für uns aber nicht seltsam, einem Menschen Macht zu geben, *weil* er Geld hat. Es fragt sich, warum unsere Gesellschaft überreichen Menschen eher politische Macht verleiht als armen. Eliten und Armut scheinen einander auszuschließen.

Wenn wir keinen Gegenpol zur Armut haben, wie Martin Schürz ihn im Begriff *Überreichtum* bietet, lässt sich das nicht erklären. Wenn Geld nicht Macht bedeuten würde, sondern nur Mittel zur Deckung der Grundbedürfnisse wäre, dann wäre Reichtum irrelevant. Er hätte keinen gesellschaftlichen Mehrwert. Irgendwann ist der Hunger gestillt. Etwas im Überfluss zu haben, das nur meine Grundbedürfnisse deckt, ist selbst überflüssig. Ein Überfluss, der übertragbar ist, funktioniert wie ein Versprechen. Wenn ich einem Menschen Geld gebe, gebe ich diesem Menschen gleichzeitig die Möglichkeit, alles mit diesem Geld zu tun, was er ohne nicht tun kann. Viele halten das für Freiheit. Es ist aber im besten Fall Befreiung. Und die beliebteste Verwendung für ein Versprechen der (scheinbar) unbegrenzten Möglichkeiten in Form von Vermögen ist wohl das einfache Haben (und Horten) dieser Möglichkeit(en).

Die Verortung innerhalb der Gesellschaft, der Status, deckt ein Grundbedürfnis. Und zwar ein scheinbar unstillbares Grundbedürfnis: Das Bedürfnis nach Anerkennung, nach der bequemen Position in der Beziehung. Wenn ich das mit Beziehungsarbeit erreichen will und bei mir selbst anfange, weiß ich irgendwann, was mir wichtig ist und kann beruhigt genügsam werden. Wenn ich das aber nicht kann, warum auch immer, dann werde ich es mir dennoch holen wollen. Ich verwechsle das Ergebnis mit dem Prozess und brauche ein Machtmittel, damit ich die Arbeit überspringen kann. Ich kann Anerkennung nicht horten, ich kann sie mir nur erarbeiten.

Vermögen bedeutet buchstäblich, dass (fast) alles möglich ist. Unbegrenzte Möglichkeit wirkt wie Freiheit. Alles scheint leistbar, also käuflich. Wir wollen Freiheit und sind bereit, die zu bewundern, die frei sind. Wenn wir aber Freiheit und Befreiung verwechseln, huldigen wir einem Götzenbild. Wahre Freiheit kommt aus der politischen Beziehungsarbeit. Es gibt keine Klick-Politik, die uns bequem das gute Leben für alle herbeischafft. Es braucht den Austausch – und für diejenigen mit Privilegien zuerst einmal einen gründlichen Blick in den Spiegel. Das geht nur, wenn wir aus der permanenten Bewertung herauskommen. Schürz schreibt: „Authentisches Mitgefühl wäre die entscheidende Gefühlsressource gegen Überreichtum. Die wertbildende und verhaltenssteuernde Kraft von Mitgefühl ist unverzichtbar.“[147] Denn Mitgefühl hebelt den Wunsch aus, den anderen zu übervorteilen. Aus der mitfühlenden Perspektive steht das Teilen über dem Horten. Und Horten ist sowohl Bedingung als auch Folge von Überreichtum.

Reichtum ist eine Vergleichskategorie, die von der Existenz zweier Pole abhängt: Sie geht von Armut aus und strebt Überreichtum an. Diese strukturelle Verknüpfung und Dynamik beleuchten die Frage danach, warum Überreichtum erstrebenswert sein soll. Hier wird gewertet, ansonsten wäre das austarierende Teilen von Vermögen das Ziel, nicht dessen Anhäufung. Grund dafür sind Status und Vormachtstellungen, etwa durch Privilegien. Und Privilegierte brauchen ein Gegenüber, dem diese Privilegien fehlen. Es geht immer um den Menschen, in dessen Hand jede Form von Macht, also auch Geld, Beziehungen gestaltet und prägt. Die Einstellung, die dem vorausgeht – Miteinander oder Konkurrenz –, bestimmt die Gestaltung der Beziehungen. Beziehungsarbeit ist mühsam und mit Geld kann man gut die Bedingungen kontrollieren und vermeiden, sich der zwischenmenschlichen Arbeit und dem Austausch auf Augenhöhe zu widmen. Vermögende Klassen können sich soziale Gleichgültigkeit leisten. Sie könnten sich auch gerechte Vermögensverteilung leisten, aber dann wären sie nicht mehr besonders reich, sondern besonders gleich.

Geldsprachen

Was macht Geld mit dem Sprechen? Worüber sprechen wir und worüber schweigen wir beim Geldthema? Das Sprechen kann ein Freund oder ein Feind der Transparenz sein. Macht bröselt aber am besten dann, wenn sie als das entlarvt wird, was sie ist: ein Beziehungsmittel, das eine Person begünstigt und ihr grundlos einen Vorteil verschafft. Geld gibt einem Menschen Kaufkraft. Vermögen gibt einem Menschen Macht. Und weil es so verflochten ist in unsere Kommunikation, ist es auch ein guter Spiegel. Es zeigt uns, wie wir miteinander umgehen.

Dabei hat Geld auch seinen Weg in die Sprache gefunden. Weil unsere Kommunikation allerdings vorwiegend auf Sprache und Austausch beruht, bedeutet das auch, dass Geld sich nicht nur in der Sprache zeigt, sondern diese mitgestaltet. Redewendungen und Ausdrucksformen sind Mittel, die wir täglich nutzen, um uns die Welt zu erzählen. Es ist nicht egal, wie wir sprechen. Wie spricht man über Geld, wenn man es doch tut? Redewendungen, die ich für besonders bezeichnend halte: 1) Zeit ist Geld; 2) Geld zum Fenster hinauswerfen; 3) Wer den Groschen nicht ehrt, ist den Schilling nicht wert; 4) Geld regiert die Welt; 5) Der Groschen ist gefallen; 6) Wo das Geld spricht, schweigt die Wahrheit; 7) Geld spricht alle Sprachen; 8) Die Goldene Regel: Wer das Gold hat, macht die Regel.

Für mich sticht heraus, dass in diesen Redewendungen fast überall das Abgeschlossene und die Verfügbarkeit stecken. Macht duldet keinen Zweifel, sie will absolut sein. Wer Macht hat, verfügt über die Ergebnisse. Dann sind die Prozesse egal. Aber in der Sprache ist immer alles ein Prozess. Seit Jahrhunderten entwickelt und verändert sich, wie wir sprechen. Wir können Sprache nur bedingt kontrollieren und aktiv gestalten. Viel ergibt sich aus dem Miteinander und dem Austausch der Sprechenden. Geld hat sich auch aus der Entwicklung von Miteinander und Austausch entwickelt. Es hat aber nicht nur auf der Metaebene gewirkt, sondern ist in alle Lebensbereiche vorgedrungen. Wie wir über Geld sprechen, zeigt unser Verständnis von Geld. Wer an Macht zweifelt, bringt sie ins Wanken. Wer sich Fragen zu Geld stellt und darüber spricht, zupft am Schleier, der die Fratze der Mächtigen verhüllt.

Die Grenzen des Sagbaren

Mein Überreichtum ermöglicht mir fast überall die Teilnahme am Diskurs, ohne dass ich negative Konsequenzen fürchten müsste, solange ich mich halbwegs sympathisch verhalte. Das liegt daran, dass ich viele Privilegien habe. Etwas, das ich bisher nicht näher thematisiert habe, ist mein *Weißsein*. Für mich ist *selbstverständlich* fast alles *weiß*, das mit Macht und Status zu tun hat, besonders Geld. Armut ist nicht so *selbstverständlich weiß*. Mir ist bewusst, dass das ein heikles Thema ist, aber es wäre ignorant, nicht über mein *Weißsein* zu sprechen.

Es geht darum anzuerkennen, dass meine Privilegien mich prägen und dass ich darüber nicht erhaben bin, nur weil ich es gut meine. Meine Vorfahren hätten nie so viel Vermögen anhäufen können, wenn sie nicht auch *weiß* gewesen wären. Die genauen Umstände werde ich nie kennen, sie sind Geschichte. Aber das gehört zu unserem System. Und ich profitiere heute davon. Also müssen Menschen miteinander reden, auch über den Sinn von Gesellschaft, Politik und Geld. Vor allem müssen *weiße* Menschen *schwarzen* Menschen und People of Colour zuhören. Guanzini schreibt:

> Denn Politik ist vor allem die Schaffung von Sinn, nicht einfach von Konsens. [...]

Echte demokratische Kämpfe sind daher Kräfte, die das Soziale aufbauen, unablässig Zusammenhänge weben, die Stagnation in Fluss bringen, so dass im harten Panzer geschlossener Machtstrukturen Risse entstehen.[148]

Ich nenne Geld politisch, weil ich Politik als Beziehungsarbeit betrachte, dabei setze ich einen gewissen Sprachgebrauch voraus. Politik hat mit Gesellschaft, Verwaltung, Recht und Macht zu tun. In all diesen Bereichen steckt Geld und alle diese Bereiche stecken in Geld. Geld kann in einer Gesellschaftsordnung, die auf Beziehung gründet, nicht unpolitisch sein.

Und: Es fängt bereits vor dem Reden an. Mit einer gemeinsamen Sprache meine ich keinen neuen Wortschatz für Geldgespräche. Ich will benennen, was der Fall ist. Welche Hautfarbe ein Mensch hat, wie viel Geld dieser Mensch besitzt, welches Geschlecht bei der Geburt eingetragen wurde und noch viele weitere Merkmale bis hin zum Body Mass Index und dem Namen beeinflussen, ob und wie viel dieser Mensch mitbestimmen darf. Es bestimmt, ob dieser Mensch wählen oder gewählt werden darf und wie die Repräsentation im Parlament aussieht. Der Zugang zu Vermögen ist der Zugang zu den besten Einkommen, Posten und der größten politischen Macht. Dieser Zugang zur Macht steht vor allem den Privilegierten offen, also vor allem den *Weißen* und Vermögenden. Das zu sagen legt eine diskriminierende Struktur offen, die wir nicht bearbeiten können, wenn wir sie nicht besprechen. Dafür müssen wir sie beschreiben und benennen. Und wir müssen ihren Bezug zu Geld klären.

Auch wenn wir offiziell die Macht demokratisch verteilen, tragen wir das historische Erbe der Herrschaft von Gottes Gnaden mit uns herum. Macht, besonders *weiße* Vorherrschaft, wurde jahrhundertelang dynastisch weitergegeben, religiös legitimiert und mit Geld verknüpft, weil Geld Beziehungen regelt, ohne sie jedes Mal aushandeln zu müssen. Wir trennen politische Macht und Geld nicht, weil beide Produkte gesellschaftlichen Lebens sind. Es ist nicht selbstverständlich, wie und wofür öffentliches Geld verwendet wird. Darum ist die öffentliche Debatte zur Verteilungsgerechtigkeit auch so wichtig. Der Diskurs darf aber nicht *weiß* und privilegiert bleiben.

Beziehungen über Grenzen hinweg passieren nicht einfach so. Es gibt keine selbstverständlichen Rollenverteilungen, nur intransparente Machtverhältnisse. Es gibt unsere Vorstellungen davon, wie es laufen soll, und die sind durch unsere Erfahrungen geprägt. Sonst wäre die Debatte um Vorbilder und Repräsentation überflüssig. Es braucht Menschen, die zeigen, wie es geht und gehen kann.

Was passiert etwa bei einem Paar, wenn eine Person mehr Geld nach Hause bringt als die andere, ohne dass darüber geredet wird, was das heißt? Es ist nicht logisch, dass diese Person dann weniger Arbeit im gemeinsamen Haushalt übernimmt, weil sie ein höheres Gehalt bekommt. Trotzdem wird es fast immer so gehandhabt. Diese vermeintlichen Selbstverständlichkeiten sind das Ergebnis einer gesellschaftlichen Erzählung davon, wie (zum Beispiel) ein Paar leben soll. Sie sind keine logische Handlungskette. Wer mehr Geld hat, muss weniger von dem tun, das beide nicht tun wollen und das dennoch getan werden muss. Zumindest, solange dieses Mehr an Geld als Druckmittel funktioniert. Wer kein Geld hat, braucht es.

Je unabhängiger beide Personen in Geldfragen sind, umso eher müssen beide diese Fragen auf Augenhöhe aushandeln. Das heißt, sie müssen offen darüber reden, was der Fall ist, was sie brauchen und wollen etc. Das bedeutet auch, dass sie sich verletzlich machen. Wer seine Wünsche und Bedürfnisse offenlegt, kann enttäuscht und verletzt werden. Wer es nicht tut, wird keine tiefe, ehrliche Beziehung knüpfen. Je mehr darüber gesprochen wird, was eine gleichberechtigte Partnerschaft ist, umso eher lassen sich vermeintliche Selbstverständlichkeiten entlarven.

Geld als Vertrag?

Wir sind eine Gesellschaft, in der die Abhängigkeiten undurchschaubar geworden sind. Und das hat Sinn. Wenn eine Gruppe Menschen wächst, sich selbst organisiert und Versorgung nicht innerhalb eines vorgegebenen, feudalen Rollensystems regelt, dann braucht sie ein System der *intersubjektiven Vermittelbarkeit*, eine Art Code.

Darum ist die Verflechtung mit dem Recht, wie Katharina Pistor sie in *Der Code des Kapitals* beschreibt, auch so wichtig. Denn auch Recht funktioniert vor allem sprachlich. Man könnte meinen, es sei eine eigene Sprache, man sagt nicht umsonst: Juristendeutsch. Recht als Code stellt Beziehungen zwischen natürlichen und juristischen Personen anhand von Entscheidungen über diese Beziehungen durch die Gesetzgebung dar. Und dann kann in weiterer Folge fast alles codiert werden. Diese codierten Beziehungen sind Verbindlichkeiten, haben Anfang und Ende, werden vertraglich fixiert und gelten in bestimmten Gebieten, nämlich da, wo die Gesetze gelten, mit denen ein Vertrag sich vertragen muss.

Geld beschreibt ein Austauschsystem, nicht unähnlich einer Sprache. Wenn ich mit Geld einen Apfel kaufe, ist das in meinen Augen die schnellste und kleinste offiziell anerkannte vertragliche Handlung der Welt. Das Geld trägt seine juristische Gültigkeit in sich und die Art und Weise, wie es verwendet wird, schreibt die Bedingungen des Vertrages. Carolin und Christoph Butter-wegge beschreiben treffend: „Schließlich sind Geld und Recht zwei Medien, über die soziale Ungleichheit in der bürgerlichen Gesellschaft abgesichert wird, während Bildung und Erziehung dazu beitragen, sie zu reprodu-zieren und zu legitimieren."[149] Bildung und Erziehung wiederum haben einen großen Einfluss darauf, wie wir unsere Beziehungen gestalten und unsere Sprache entwickeln. Das macht Geburt wieder wichtig, wider-spricht jedoch unserer Demokratievorstellung, dass niemand aufgrund der Geburt das Recht hat, über an-dere zu bestimmen und somit die Gesellschaft zu orga-nisieren. Hierbei ist der Zugang zu den Institutionen, die Recht herstellen, sprechen und ausüben können, nicht zu unterschätzen. Denn Recht bietet die Sprachform, in der wir die Bedienungsanleitung unseres gesellschaftli-chen Zusammenlebens verfassen.

Geld regelt das Recht

Den Gipfel der Komplexität erreichen wir in den gro-ßen Gesellschaften. Das Gewusel an Abhängigkeiten ist schier undurchdringlich. Es ist wichtig zu verstehen, *dass* es komplex ist. Die Sprache, die wir dafür haben, ist die des Rechts als primäres Mittel sozialer Ordnung.[150] Es braucht, laut Katharina Pistor, nur *eine* anerkannte Rechtsordnung, damit Kapital weltweit funktionieren kann.[151] Viele Länder akzeptieren fremdes Recht, um an der Weltwirtschaft teilnehmen zu können. Sie haben kaum eine Wahl. Kapital wird aber in der Regel privat codiert, ist also Gegenstand der Arbeit privater Kanzleien statt öffentlicher Gesetzgebungsverfahren. Das heißt aber auch, dass die demokratische Öffentlichkeit kaum bis keinen Einfluss darauf nehmen kann, wie das Recht zur Vermehrung, zum Schutz und zur Herstellung von privatem Geld verwendet wird, obwohl es ohne diese Öffentlichkeit kein Recht gäbe.[152]

Fragt sich also, wer wirklich mitsprechen darf. Wer macht das Recht? Wer darf entscheiden?

> Die Tendenz, das Recht an private Akteure auszulagern, indem man ihnen die Möglichkeit verschafft, nach Belieben inländisches oder ausländisches Recht zu wählen, war eine Antwort auf die Schwierigkeit, das Recht mit politischen Mitteln zu harmonisieren.[153]

Die Beziehungsarbeit zu leisten war zu mühsam. Man wollte Ergebnisse und nahm eine Abkürzung. Damit werden die Privilegien derer, die Zugang zum Recht als Code/Sprache haben, immer weiter verfestigt. Überreiche können sich aussuchen, welches Recht sie für ihr Kapital nutzen wollen[154] und sie können das Recht sogar selbst schreiben (lassen). Eine bewusst vage gehaltene Sprache ist dabei ein Mittel, um private Interessen gegenüber öffentlichen zu bevorzugen.[155] Sie greift auch in Sachen der Rechtsauslegung – wer Recht wie interpretiert, entscheidet auch darüber, wie Recht danach interpretiert wird.[156] Das gilt besonders in der Eigentumsfrage, die zur Frage nach der Souveränität wird. Katharina Pistor schreibt, dass die Codierung von Kapital durch Recht ein globalisiertes Ringen ist, es geht darum, „wer den Gehalt und die Bedeutung von Eigentumsrechten bestimmen darf: Staaten oder private Parteien, die demokratische Öffentlichkeit oder die führenden Köpfe aus Industrie und Finanzwesen."[157]

Auf der Beziehungsebene im Rechtssystem zeigt sich, dass die Selbstverständlichkeiten unserer Vorstellung von Geld auch dann greifen, wenn der Beruf die Auseinandersetzung mit dem heiklen Regelsystem des Rechts bedeutet. Die Menschen, die im Rechtswesen arbeiten, profitieren maßgeblich davon, wie das System läuft, ihre Gehälter sind exorbitant, solange sie nicht Anwält:innen und Richter:innen im öffentlichen Dienst sind.[158] Eine pauschale Voreingenommenheit zu unterstellen ist Unfug, aber auch hier zeigt sich, dass Geld eine Rolle spielt, wenn es darum geht, wer entscheiden darf, wer in Geldfragen Recht hat. Es ist nicht billig, Recht zu bekommen. Aber käuflich.

> Mächtige Inhaber des globalen Kapitals haben mithilfe ihrer Anwälte nicht nur Wege gefunden, das Recht für ihre ei-

genen Interessen zu nutzen, sondern sie haben auch Gesetzgeber, Regulierungsbehörden und sogar die Gerichte in den meisten Ländern zu Agenten gemacht, die ihren Interessen dienen, statt denen der Bürger, denen gegenüber sie offiziell verantwortlich sind.[159]

Pistor beschreibt nicht nur, wie mächtig jene sind, die sich den Zugang zur Sprache des Rechts leisten können – vorwiegend, um ihr Kapital zu sichern und zu vermehren. Sie zeigt auch, dass es keinen Masterplan gibt.[160] Hier ist die Selbstverständlichkeit am Werk, dass aus Geld mehr Geld werden soll. Die involvierten Menschen sind auch nur Menschen, aber sie sind hochgradig auf einen Bereich spezialisiert, in dem sie ihre Macht vermehren und in Recht verwandeln können. Konfrontiert mit dem Vorwurf der Demokratiefeindlichkeit kommt die Ausrede, dass legal sei, was sie da täten.[161] Sie schreiben sich in die Gesetzgebung ein.

Egoismus mit Freiheit zu verwechseln ist der Kernfehler des neoliberalen Kapitalismus. Die Folgen dieser ideologischen Verfehlung trägt die Öffentlichkeit. Spätestens dann nämlich, wenn der Staat wieder für die Krise zahlt, die von jenen verursacht wurde, die vor lauter Gier rücksichtslos Menschen und Planeten bis zur Vernichtung ausplündern. Es ist besonders bitter, dass gerade das Recht dazu beiträgt. Recht soll Gerechtigkeit herbeiführen, eigentlich aber schreibt es nur auf, was die Gesellschaft erlaubt.[162]

Es ist problematisch, wenn das Recht, das Finanzen regelt, nur von jenen bearbeitet wird, deren private Interessen daran hängen. An Finanzen hängt nämlich immer auch die Gesellschaft, ihre Interessen müssen aktiv berücksichtigt werden. Es gibt, wie erwähnt, keinen Masterplan privater Interessen, es wird einfach ein Vertrag nach dem anderen aufgesetzt, sie bauen aufeinander auf, hängen aneinander und sind ineinander so verschachtelt wie die Sätze, aus denen sie bestehen.[163]

Zunächst machen sich Anwälte, die mit der Rechtslage und -sprache vertraut sind, unentbehrlich. Und dann kassieren sie hohe Gehälter. Nach diesem Muster verläuft jede Art von Spezialisierung im privatwirtschaftlichen Sektor – solange es sich nicht um etwas handelt, das keine Macht verspricht. Das lukrativste solche Imperium ist das „des Rechtsimperiums, das den globalen Handel und das Finanzwesen aufrechterhält"[164] und somit die Sprache des Geldes zu einem Mittel zum Zweck macht. Anwält:innen werden mit den Möglichkeiten, die sie sich über Jahrzehnte geschaffen haben, zu Macher:innen von Recht.[165] Dabei glauben viele, sie täten nur ihren Job und fühlen sich nur ihren Mandant:innen verpflichtet.[166]

Die Arbeit der *Herren des Codes*, wie Pistor sie nennt, schafft Recht und hat strukturelle Auswirkungen auf die Verteilung von allerlei Ressourcen in der Gesellschaft, vor allem Kapital und daher auch Geld.[167] Die Rechtsfamilie des *Common Law* ermöglicht das Herstellen von Recht[168] und „[i]n der Praxis werden die meisten weltweit gehandelten finanziellen Vermögenswerte nur in zwei Rechtssystemen codiert – im englischen Recht oder in dem des US-Bundesstaats New York."[169] Daraus wird das Kartenhaus aus privaten Verträgen gebaut, weil es bequemer ist und schneller geht, als den politischen Prozess abzuwarten, der obendrein die öffentliche Gerichtsbarkeit mit sich bringt.[170] So ein Kartenhaus ist hübscher als ein Stapel, aber auch instabiler – es ist voller Löcher, durch die der Wind der öffentlichen Interessen fahren kann. Und Schiedsgerichte sollen das Pusten verhindern. Zum Schluss wird das Rechtssystem zum Standard, das jenen am besten gefällt, die es brauchen, um aus Geld mehr Geld zu machen.

Wenn es keinen Staat gibt, der Recht ursprünglich herstellt und sichert, ist all das nicht möglich. Inzwischen aber ist nicht mehr wichtig, welchem Staat Anwält:innen in ihrer Tätigkeit letztlich verpflichtet sind. Es muss nur irgendein Staat die Praktiken anerkennen und durchsetzen.[171] „Sie sind auf die Autorität des staatlichen Rechts angewiesen, meiden aber die Gerichte, die traditionellen Hüter des Rechts, aus Angst davor, dass diese sich in ihre Codierungstätigkeit einmischen könnten."[172] Der öffentliche Blick der Gerichte hat aber einen Zweck: Er dient als kontrollierende Instanz.

> Wenn ganze Rechtsbereiche aus dem öffentlichen Raum ausgegliedert werden, den die Gerichte bereitstellen, dann können die privaten Vorteile des außergerichtlichen Vergleichs die gesellschaftlichen durchaus übersteigen.[173]

Die Selbstverständlichkeit, mit der diese Codierungstätigkeiten sich immer komplexer gestalten, wird von Katharina Pistor als ein sich selbst verstärkendes System entlarvt, das nur wenigen nutzt und von noch wenigeren gestaltet wird – eine kritische Zuspitzung. Und auch hier kann ein politischer Wandel das Kartenhaus zum Einsturz bringen.[174]

Was passiert, wenn so ein Kartenhaus in sich zusammenfällt? Vermutlich kommt es darauf an, ob daraus die Lehre gezogen wird, den gleichen Wahnsinn beim nächsten Mal etwas stabiler aufzubauen oder ob die Einsicht eintritt, dass es ganz grundsätzlich nicht so laufen kann. In jedem Fall ist es wichtig, dass es eine Auseinandersetzung gibt. Sprache lässt sich aber nicht letztgültig beherrschen, Recht auch nicht und selbst Geld ist darauf angewiesen, dass die Menschen daran glauben und es verwenden. Das öffentliche Interesse hat die größte Wirkung, wenn es sich zeigt: bei Demonstrationen, in Bürger:innenräten etc. Eine Demokratisierung des Geldes und des Rechtscodes beginnt damit, dass die Prozesse, die beides prägen, wieder politisiert und öffentlich verhandelt werden.

Das gute Reden

Die erste Sprache, die ein Mensch spricht, lernt er nicht. Er erwirbt sie. Der Unterschied ist wichtig, denn beim Spracherwerb geht es nicht darum, Grammatik zu lernen. Es ist eher die Entwicklung einer bestimmten Art, in Beziehung zu treten, die weit über die Kommunikation von Sachverhalten hinausgeht. Wenn es kein Gegenüber gibt, muss ich nicht sprechen. Mein innerer Monolog braucht keine Grammatikregeln und kein Wörterbuch. Das wird erst wichtig, wenn ich mit einer anderen Personen in Kontakt trete und wir uns einander mitteilen möchten. Mit Geld ist es ähnlich. Ohne Gegenüber brauche ich kein Geld.

Wenn wir auf die Welt kommen, orientieren wir uns an den Beziehungen, die wir mitbekommen. Wie meine Eltern mit Geld umgehen, ob und wie sie darüber sprechen, ist mein erster Zugang zu Geld. Ob und wie über Arbeit gesprochen wird; ob und wie alles, was ich will, einfach so bezahlt werden kann, prägt mein Erstverständnis von Geld: Man hat es, die Eltern geben es aus, aber man spricht nicht darüber. Unser Umgang mit Geld sagt daher viel über uns aus.

Beim Sprechen treten wir in Beziehung, beim Verwenden von Geld auch; Recht ist quasi die offizielle Sprache der Beziehungsregeln. Beziehung ist reiner Prozess, sie zeigt sich immer nur in ihrer Art zu sein, sie ist nie fertig – das gilt auch für Sprache: Sie ist, wie gesprochen wird. Wie der Umgang von Menschen und Gesellschaften gestaltet ist, wirkt sich auf alle diese Bereiche aus. Dabei spielt es auch eine Rolle, wie wir konkret sprechen. Sprache rund um Geld ist geprägt von den Worten *können, brauchen, müssen* und *wollen.* Der Unterschied, den Geld macht, liegt in seiner Wirkung auf diese Modalverben. Ein Beispiel: Wenn ein Mensch sagt, er müsse arbeiten, sagt das noch nichts über das Geld aus, das dieser Mensch hat oder nicht. Aber Geld sagt etwas über den Satz aus. Wenn er welches hat, gilt: Er *muss* nicht arbeiten, aber er *kann,* wenn er *will* oder meint, er *braucht* das für sich. Wenn er keines hat, *muss* er arbeiten, ob er *will* oder nicht, weil er Geld *braucht.*

In einem Gespräch mit einem jungen Mann komme ich einmal auf das Thema Geld zu sprechen. Wir tauschen uns zu allerhand Dingen aus, er erzählt mir, dass seine Eltern aus der Arbeiter:innenklasse sind, und so kommen wir auf die Politik und landen irgendwann bei der Frage nach den konkreten Zahlen meines Vermögens. Ich bin nervös und frage, ob es okay ist, dass ich sie nenne, er bejaht. Die Zahl schluckt er problemlos, aber das Danach ist schwierig. Zu der Zeit bin ich mitten im Versuch herauszufinden, was meine Situation bedeutet. Ohne nachzudenken, spreche ich darüber, dass mein Geld mich belastet, wie mühsam es ist, das Geld loszuwerden etc. Irgendwann mache ich eine Pause und er sagt, er müsse kurz raus, das sei ihm gerade alles zu viel. Er kommt zurück und sagt einen Satz zu mir, der sitzt: Du versuchst auch nur, aus deinem Käfig auszubrechen, aber vergiss nicht, er ist aus Gold.

Meine Selbstverständlichkeit ist meilenweit von seiner entfernt, obwohl wir politisch auf einer Wellenlänge sind. Der Unterschied ist für ihn deutlich zu spüren, nicht für mich – Macht ist bequem. Ich hatte nicht berücksichtigt, dass es für ihn schwierig sein muss, sich anzuhören, wie ich als überreicher Mensch darüber spreche, dass mich die Macht und die Möglichkeiten meines Vermögens belasten. Meine Version von „Ich weiß nicht, was ich tun soll" wird von einem soliden, aber unausgesprochenen „...aber ich könnte alles tun, denn ich habe Geld" begleitet. Sein „Ich weiß nicht, was ich tun soll" wird dagegen von einem „...aber ich muss etwas tun, sonst habe ich kein Geld" begleitet. Es sind grundlegend verschiedene Selbstverständlichkeiten, aus denen heraus wir sprechen.

Und genau das meine ich mit einer Geldsprache. Es braucht das Offenlegen der vermeintlichen Selbstverständlichkeiten, besonders jener von Macht. In jedem Gespräch setzen wir so vieles voraus, das nicht immer für alle gleichermaßen gilt. Das ist nicht aufs Geldthema beschränkt und besonders wichtig in jedem Machtkontext.

Geld regiert die Welt

Unsere Gesellschaft wird durch Geld strukturiert. Es regelt den Zugang zur Grundversorgung der Bedürfnisse. Aber es regelt auch den Zugang zu Kunst und Kultur, den Zugang zu Wissenschaft, Technik, Wirtschaft, Medien und Politik. Eintrittspreise können sehr deutlich regeln, wer wo dabei sein darf. Wer Zugang zu Geldvermögen hat, kann also sehr deutlich regeln, in wessen Händen welcher Zugang zur Gesellschaft bleibt. Leider hat die Tatsache, dass Regierungen Macht haben und dass Geld so ein attraktives Gut ist, dafür gesorgt, dass der Missbrauch blüht. Geld wird als Mittel zum Selbstzweck zum Schmieröl der Korruption. Schließlich hat man sich die Welt gekauft und mit Eigentum darf man machen, was man will. Gerade das Selbstverständnis von Eigentum duldet bei vielen keine Widerrede.

Aber das ist undemokratisch. Durch Gesetze und Debatten regeln wir Zugänge und gestalten die Gesellschaft. Dafür reden wir ständig mit den Menschen in unserem Umfeld und im öffentlichen Diskurs. Und widersprechen einander, streiten und handeln Kompromisse aus. Das ist notwendig für die Pflege der Beziehung. Wir reden so viel, dass es irgendwann eine Basis gibt, auf der man gemeinsam stehen kann – ganz selbstverständlich.

Wenn dieses Selbstverständliche in Frage gestellt wird, müssen wir die Basis neu schaffen, auf der wir unsere Gespräche aufbauen. Leider pochen wir zu oft auf Eindeutigkeit: etwa in Pro&Kontra-Gesprächen. Es fehlen die Grauzonen, das Aushalten von Unsicherheit und beschreibendes statt wertendem Sprechen. Klarheit entsteht durch das Offenlegen, durch Transparenz und die Fähigkeit, Komplexität und Widersprüche anzunehmen. Selbstverständlichkeit funktioniert nur, wenn sie nicht offengelegt wird. Je mehr politische Arbeit zu den Themen Geld und Demokratie; Vermögen und Macht passiert, umso schwieriger wird es, die Intransparenz aufrechtzuerhalten.

Wir streiten uns gern, wenn es um Sprache geht, weil sie ebenso öffentlich wie privat, individuell wie strukturell, also immer höchstpersönlich und gemeinsam ist. Durch Kommunikation mit Sprache strukturieren wir unsere Beziehungen. Und wir erzählen. Durch Geld strukturieren wir unsere Rollenverteilung im Machtsystem. Mir begegnen häufig unterschiedliche Geldsprachen, sie funktionieren immer recht ähnlich. Egal wo, es herrschen meist Unklarheit und vermeintliche Eindeutigkeit – so viel, dass mitunter Nobelpreisträger:innen einander widersprechen können.[175] Um die Welt zu verstehen, beschreiben wir sie in Mustern. Diese zeigen immer eher, wie wir auf die Welt blicken, als die wahre Gestalt der Welt. Bei Biss klingt das so:

> Märkte sind mathematische Modelle, sagt Dan, und Ökonomie ist Theorie. Echte Wirtschaftssysteme verhalten sich nicht der Theorie entsprechend. Sie werden von unserer Politik und unseren Regeln geformt. [...] Wir müssen das Prinzip der Anhäufung nicht über das der Verteilung stellen.[176]

Die sprachliche Darstellung der gesellschaftlichen Verteilungsverhältnisse prägt den Diskurs dabei maßgeblich mit. Floskeln und Sprichwörter, Ausdrucksweisen und Redensarten werden oft unhinterfragt verwendet. Wertfreie Beschreibungen würden das Selbstverständnis, sich die Welt mit Geld so machen zu können, wie man sie gern hätte, infrage stellen.

Meine ersten Gespräche mit Finanzberater:innen waren von einem Jargon geprägt, dem ich nicht folgen konnte. Es gibt einen ganzen Wortschatz zu Finanzen, ohne den es schwer ist, auch nur einen Satz zu verstehen. Als ich anfing nachzufragen, zeigte sich oft, dass diese Begriffe nur verwendet wurden, weil sie gängig sind – selten konnte mir jemand wirklich etwas erklären. Das ist bezeichnend für die Kommunikation zum

Thema Geld. Und die Unklarheit wird nicht nur durch die Sprache an sich verstärkt, sondern auch durch die Kommunikationsstrategien. Mit der Frage nach dem Warum löste ich in der Regel zielsicher Schweigen aus.

Welche Sprache bereits verwendet wird, wer sie verwendet und in welchem Kontext, was gesagt wird und wie – all das prägt das Geldverstehen. Wenn ein scheinbar unentwirrbares Gestrüpp aus Fach- und Fremdworten entsteht, werden viele vom Gespräch strukturell ausgeschlossen. Ein Besprechen von Geld, das zugänglich ist, wird nötig. Weder die Öffentlichkeit noch das Private bieten jedoch eine Anleitung dazu. Wir müssen es üben, transparent und demokratisch. Unsere Beziehung zu Geld wird, was sie ist, indem sie sich entwickelt. Orientierung an einer Sprache kann helfen, aber auch Sprache entwickelt sich ständig weiter. Der Trick liegt im Zuhören.

AEMR, ein hoffnungsvolles Räuspern

Die Allgemeine Erklärung der Menschenrechte (AEMR) spricht eine klare und deutliche Sprache, wie sie auch in den besten Verfassungstexten verwendet wird. Sie arbeitet mit offenen Begriffen, die Raum für Interpretation lassen, aber es sind dennoch unmissverständliche Worte. *Würde* kann nicht herangezogen werden, um Diskriminierung zu rechtfertigen. Zumal in diesem Text von allen Menschen die Rede ist. Es ist eine Kindergartenweisheit: „Was du nicht willst, das man dir tu, das füg' auch keinem andern zu." Sie greift sofort – egal, welche Version man zitieren will.[177]

Tatsächlich haben sich Menschen auf die AEMR geeinigt. Große Machtkontexte lassen uns oft vergessen: Die Zeit, die ein Prozess braucht, ist immer wichtig – sie ist die Zeit, in der alle Gehör finden können. Die AEMR hält etwas so fest, dass es fast unumstößlich wirkt. Die Geschichte hat gezeigt, dass es diese Einigkeit nicht immer gab. Dass sie niedergeschrieben werden konnte, klar und deutlich, beweist, dass es eine Sprache gibt, die das sagen kann, was selbstverständlich ist, damit es selbstverständlich bleiben kann. Wir sprechen diese Sprache nach wie vor.

Artikel 1 lautet: „Alle Menschen sind frei und gleich an Würde und Rechten geboren. Sie sind mit Vernunft und Gewissen begabt und sollen einander im Geiste der Brüderlichkeit begegnen." Ich lese darin das einzige Geburts-Prinzip, das sich in Rechte übersetzen sollte. Es wird auch klar darauf verwiesen, welche Art der Beziehung Menschen pflegen sollen – brüderliche Beziehungen sind nicht frei von Konflikten, aber sie sind getragen von der Idee einer Nähe, die dafür sorgt, dass man den Streit auch schlichten kann. Für jene, die es genauer wollen, folgt in Artikel 2 sogar eine ganze Liste dessen, was das bedeutet – soziale Herkunft, Vermögen und Geburt werden explizit als Faktoren (unter anderen) genannt, die keinen Unterschied machen dürfen, wenn es um Rechte und Freiheiten geht.[178]

Und in diesem Sinne geht die gesamte Erklärung weiter. Sie ist vermutlich eines der hoffnungsvollsten Dokumente, das die Menschen je verfasst haben. Die Einhaltung und Umsetzung lassen zu wünschen übrig. Und dennoch. Allein, dass es diese Erklärung gibt, lässt hoffen, dass wir beides hinbekommen werden. Denn dass „uns die Fähigkeit zum Handeln und Sprechen – und Sprechen ist nichts weiter als eine andere Form des Handelns – zu politischen Wesen macht und da Agieren seit jeher bedeutet, etwas in Bewegung zu setzen, das zuvor nicht da war",[179] wie Hannah Arendt schreibt, bedeutet für mich, dass unser Umgang mit Geld dringend in die politische Öffentlichkeit gehört.

Der Groschen fällt zum Schluss

Die meisten Fragen bleiben. An die eine große Antwort glaube ich nicht. Albert Camus schreibt in *Der Mythos des Sisyphos:* „Mais on suppose à tort que des questions simples entraînent des réponses qui ne le sont pas moins et que l'évidence implique l'évidence."[180] (Aber man vermutet zu Unrecht, dass einfache Fragen ebenso einfache Antworten nach sich ziehen und dass Evidenz Evidenz impliziert.) Ich kann nicht sagen, was Geld letztgültig ist. Aber ich kann seine Wirkung beschreiben. Die Gesellschaft hat das Geld gemacht – der Mensch in komplexer Beziehung zu anderen Menschen. Nicht der Mensch als Einzelwesen – allein gibt es den Menschen nicht. Ein System, das ein Zusammenleben in Freiheit und Sicherheit schafft, entsteht nur in der Zwischenmenschlichkeit. Das setzt Vertrauen in die Gesellschaft voraus und muss politisch gepflegt werden. Zu tun, was man will, ist nicht gleichbedeutend mit Freiheit. Die ist politisch, wie auch das Geld. Es steckt zwar in unserer Sprache, aber es fehlt in unserem Sprechen.

Erst im öffentlichen Gespräch zeigt sich die politische Wirkung von Geld. Das darf klein anfangen. Wenn wir einander unsere Geldgeschichten erzählen, kommen wir dem näher, was Geld *wirklich* ist und mit uns macht. Näher als jede große Theorie.

Sinn ergibt sich erst in Beziehung zu anderen. Wir erzählen einander unsere Leben in Geschichten. Was wir erzählen und wie wir erzählen, sagt viel darüber aus, was uns wichtig ist und wie wir damit umgehen. Schürz schreibt: „Aus freundschaftlichen und vertrauensvollen Beziehungen entsteht ein Gerechtigkeitssinn."[181] Und er betont wiederholt, wie wichtig Mitgefühl und Solidarität sind, wenn wir mit Geld in seinen extremen Formen des Überreichtums und der Armut umgehen."[182]

Allein geht es nicht. Allein geht nichts. Die Gesellschaft bestimmt, was Geld ist und wie es wirkt, weil sie die größte politische Einheit darstellt. Geld betrifft und braucht alle, die diese Einheit bilden – und ihre Geldgeschichten. Wir sind voneinander abhängig, wir sind einander also auch verpflichtet. Das ist für mich die einzig relevante Wechselwirkung. Wenn Geldreichtum das Ziel sein soll, um das *Gesellschaftsspiel* zu gewinnen, dann frage ich mich: Warum überlassen wir diesen dem Zufall der Geburt? Warum tragen wir nicht gemeinschaftlich Sorge, mittels Gesellschaft und Staat? Es ist nicht selbstverständlich, dass eine Ressource gerecht verteilt *ist*. Es sollte aber selbstverständlich sein, dass sie gerecht verteilt *wird*. Gleichberechtigung in der Versorgung bedeutet Gleichberechtigung in der Verteilung der Mittel, mit der die Versorgung gesichert wird. Die ungleiche Vermögensverteilung lässt sich durch Steuern demokratisch korrigieren. Der Staat hat diese Macht aus gutem Grund.

Die hochkomplexen Verflechtungen von Gesellschaft, Wirtschaft und Politik brauchen Geld als Beziehungsmittel. Darin verhält es sich definierend und regulierend zugleich. Es ist quasi eine Art Sprache, mit der Beziehungen gestaltet und beschrieben werden. Es lebt dabei als ein Ding an und für sich auf der Metaebene. Selbst wenn wir Geld abschaffen sollten, hätten wir immer noch die gesellschaftlichen Verflechtungen von Verbindlichkeiten aller Art. Wir sollten sie genau beobachten und beschreiben. Nur so lassen sich die gemeinsamen Regeln erarbeiten und im Recht codieren; als gesellschaftsfreundliche Exit-Strategie aus der Ungleichheit.

Wir stehen an diesem Punkt, weil wir die Dinge nicht dem Zufall überlassen. Wir machen uns die Welt bewusst und in der Folge schreiben wir die Regeln. Und das heißt, wir können auch unsere Beziehungen zu

Geld aktiv bearbeiten, sobald wir sie verstehen. Gängige Narrative lassen sich nicht analytisch eliminieren, man muss ihnen eine Geschichte entgegenhalten, die man glauben kann und die eine Gesellschaft trägt. Hoffnung ist politisch. Sie erlaubt den Glauben daran, dass es auch anders geht. Und sie erträgt die Zerrissenheit zwischen dem *Jetzt* und dem *Irgendwann*, das man erst kennen kann, wenn man es erreicht hat. Dazu braucht es durchaus Köpfchen, aber vor allem braucht es eine gehörige Portion Herz, also Mitgefühl und Mut. Anders kann man nicht teilen.[183]

Nur, wenn wir uns ernsthaft mit der Utopie befassen, kann es möglich werden, sie zu gestalten – selbst wenn das Ergebnis abweicht, etwa weil der öffentliche Diskurs und private Vorstellungen sich nie eins zu eins decken. Wir müssen uns an die konkrete Vorstellung einer besseren Welt heranwagen. Also: Nehmen wir an, irgendwann haben wir eine sozial gerechte Welt mit einem sozial gerechten Geld. Wie schaut das aus?

Meine Geldgeschichte hat damit angefangen, dass ich mit Fragen um mich geworfen habe. Und es gibt Antworten, unzählige unterschiedlichste Ansätze, überall. Es sind viele kleine Versuche daraus geworden, mit den unterschiedlichsten Menschen über Geld zu sprechen. Diese Geldgeschichten haben mir dabei geholfen, Geld in seiner Funktion als Beziehungsmittel deutlicher herauszuarbeiten und zu erfassen. Ich kann nicht sagen, was das gute Leben ist. Ich kann sagen, was mein gutes Leben ist. Und da fließt schon hinein, was mich prägt: wie ich aufgewachsen bin, was ich für selbstverständlich halte etc. Da setze ich die Preise voraus, die ich kenne. Und ich setze voraus, dass die Gesellschaft im Gleichgewicht ist, was Versorgung angeht. Meine finanziellen Mittel können mir ein gutes Leben nur dann ermöglichen, wenn ich in einer guten Gesellschaft lebe.

Allerdings hat niemand die Deutungshoheit darüber, was Geld ist. Alle Erfahrungen zählen. Hannah Arendt schreibt: „Wir können etwas beginnen, weil wir Anfänge und damit Anfänger *sind*."[184] *Menschwerden* war ein Zufall der Evolution. *Menschsein* ist eine Aufgabe fürs Leben. Für mich heißt das: Beziehungsarbeit ist demokratisch.

Das Ziel unserer Bemühungen sollte eine Gesellschaft sein, in der alle politisch mitwirken und ein gerechtes System erschaffen können, das niemanden bevorzugt. Mit Geld ein gutes Leben haben. Das geht nur in einem Staat, der das gute Leben sichert. Genauso, wie er das Geld sichert. Wenn das nicht der Fall ist, wenn die Politik korrupt und das Zusammenleben instabil sind, dann gibt es keinen Wohlstand. Dann braucht es plötzlich andere Mittel, um die eigene Sicherheit und Freiheit zu gewährleisten. Es braucht Geld dann nicht als Zahlungs- sondern als Machtmittel. Dafür muss man genug Geld haben. Man muss so viel davon haben, dass man sich um Rechnungen keine Sorgen machen muss. Man zahlt dann nicht mehr mit Geld, sondern mit Vermögen, also mit Versprechen. Ohne Gesellschaftspolitik und sozialen Frieden, der auf sozialer Gerechtigkeit beruht, gibt es kein gutes Leben für alle.

Dafür braucht es Geld, ja. Aber nicht endlos *mehr* Geld in den Händen weniger, sondern eine andere Verteilung. Meine Geldgeschichte beginnt mit dem Reden, erst im Privaten und dann in der Öffentlichkeit. Vom Reden allein wird die Welt nicht besser. Es ist ein Anfang, aber es braucht verbindliche Handlungen. Eine Politik, die Geld regelt, statt einer, die durch Geld geregelt wird. Biss bringt es auf den Punkt: „Geld ist kein echter Ersatz für Gerechtigkeit."[185]

Auf mich kommt ein Geldvermögen zu, von dem ich verstanden habe, dass es mir nicht zusteht. Es kommt aus der Gesellschaft, in die ich rückverteilen will. Und weil ich an Beziehungen, Prozesse und ans Sprechen als politisches Handeln glaube, würde ich sagen: Die Demokratie ist die Zumutung der Freiheit in Form der zwischenmenschlichen Verpflichtung zu Gleichheit an Würde und Recht. Sie ist die Selbstverständlichkeit, die ich voraussetzen will, wenn ich handle. Mein Handeln ist mit Geld verbunden. Meine Geldgeschichte wird konkret, wenn ich mit dem Geld so umgehe, dass es sich am guten Leben für alle orientiert. Dafür beteilige ich mich am Steuerdiskurs als ein Schritt zurück aus dem Überreichtum in die Demokratie. Es geht dabei vor allem um die Frage, wer entscheiden darf. Und ich spreche auch mit anderen, organisiere mich mit Menschen, die Zugang zu Vermögen und Klassenprivilegien haben, um aktiv Landbesitz, Macht und Vermögen rückzuverteilen. Demokratischer und sozialer Wandel hin zu mehr Geldgerechtigkeit ist möglich; alle sind gefragt.

Das gute Leben ist das, was wir daraus machen.

Dank

Danke Paul, danke Steffi.

Quellen

Literatur

Arendt, Hannah: Die Freiheit, frei zu sein. München: dtv (2018).

Biss, Eula: Was wir haben. Über Besitz, Kapitalismus und den Wert der Dinge. Übers. v. Stephanie Singh. München: Carl Hanser Verlag (2021).

Bockelmann, Eske: Das Geld. Was es ist, das uns beherrscht. Berlin: Matthes & Seitz (2020).

Bourdieu, Pierre: Die feinen Unterschiede. Kritik der gesellschaftlichen Urteilskraft. Übers. v. Bernd Schwibs / Achim Russer. Berlin: Suhrkamp (1987/2021).

Butterwegge, Carolin / Butterwegge, Christoph: Kinder der Ungleichheit. Wie sich die Gesellschaft ihrer Zukunft beraubt. Frankfurt a. M.: Campus (2021).

Camus, Albert: Le mythe de Sisyphe. Paris: Gallimard (1942/2016); (deutsch: Der Mythos des Sisyphos. Übers. v. Vincent von Wroblewsky. Reinbek bei Hamburg: Rowohlt (1999)). (MS)

Camus, Albert: Das Brot und die Freiheit. In: Albert Camus: Vorträge und Reden. 1937–1958. Übers. v. Guido G. Meister. Hamburg: Rowohlt (1960/2021). (B&F)

Cohen, Gerald A.: „If You're an Egalitarian, How Come You're So Rich?", in: The Journal of Ethics, Vol. 4 Nr. 1/2. Rights, Equality, and Liberty.

Universidad Torcuato Di Tella Law and Philosophy
Lectures 1995–1997 (Jan–Mar, 2000), Springer.
(http://www.jstor.org/stable/25115633). S. 1–26.

Ebner-Eschenbach, Marie von: Erzählungen und
Aphorismen. Evelyn Polt-Heinzl / Daniela Strigl / Ulrike
Tanzer (Hg.). Wien: Residenz Verlag (2020).

Ehs, Tamara / Zandonella, Martina: „Demokratie der
Reichen? Soziale und politische Ungleichheit in Wien",
in: Wirtschaft und Gesellschaft, 47. Jahrgang (2021/1).
S. 63–101.

Friedrichs, Julia: Wir Erben. Warum Deutschland
ungerechter wird. Berlin: Piper Verlag (2016). via Apple
Books.

Guanzini, Isabella: Zärtlichkeit. Die Philosophie einer
sanften Macht. München: C. H. Beck (2019).

Jaspers, Karl: Wahrheit, Freiheit und Friede. Reden zur Verleihung des Friedenspreises des deutschen
Buchhandels. München: Piper & Co. Verlag (1958).

Kafka, Franz: Die Erzählungen. Frankfurt am Main:
S. Fischer (2011).

Kennikell, Arthur B. et al.: „A new instrument to
measure wealth inequality: distributional wealth ac-
counts", in: Monetary Policy & The Economy, Q4/21
(2021). S. 61–84.

Pistor, Katharina: Der Code des Kapitals.
Wie das Recht Reichtum und Ungleichheit schafft.
Berlin: Suhrkamp Verlag (2020).

Sandel, Michael: „Wer reich und mächtig ist, ist gut. Die Tyrannei der Leistung und die Politik der Demütigung", in: Blätter für deutsche und internationale Politik 2/2021.

Schürz, Martin: Überreichtum. Frankfurt/New York: Campus (2019).

Seeck, Francis / Theißl, Brigitte (Hg.): Solidarisch gegen Klassismus – organisieren, intervenieren, umverteilen. Münster: Unrast-Verlag (2020).

Wiesböck, Laura: In besserer Gesellschaft. Der selbstgerechte Blick auf die Anderen. Wien: Kremayr & Scheriau (2018).

Links und Medien

- https://www.youtube.com/watch?v=mySDIv-hjXU.
- https://www.zdf.de/nachrichten/heute/entfremdete-medienelite-soziale-herkunft-praegt-die-berichterstattung-100.html.
- https://www.zeit.de/zeit-magazin/leben/2022-02/geld-einfluss-sexualitaet-otegha-uwagba.
- https://medium.com/philonomist/david-graeber-on-capitalisms-best-kept-secret-704f13914a88
- https://www.theguardian.com/politics/2013/apr/08/margaret-thatcher-quotes.
- https://resourcegeneration.org/breakdown-of-class-characteristics-income-brackets/.

Anmerkungen

1   Ich habe mich entschieden, die Begriffe *schwarz* und *weiß*
    kursiv zu schreiben, um sie in Abgrenzung zu Farben als
    soziale Kategorien zu markieren.
2   Vgl. Friedrichs (79, E-Book).
3   Vgl. Friedrichs (76).
4   Vgl. Friedrichs (52).
5   Vgl. Schürz (140).
6   Vgl. Friedrichs (51).
7   Vgl. Friedrichs (19).
8   Vgl. Friedrichs (62-63).
9   https://www.arbeiterkammer.at/soreichistoesterreich
10 Vgl. Bourdieu.
11 Vgl. Cohen (2).
12 Cohen (2).
13 Vgl. Cohen (3).
14 Vgl. Cohen (7-8).
15 Vgl. Arendt (21).
16 Vgl. Wiesböck (118-119, E-Book).
17 Vgl. Schürz (120-121).
18 Vgl. Schürz (12).
19 Vgl. Friedrichs (232).
20 Schürz (120).
21 Vgl. Schürz (145).
22 Schürz (120).
23 Vgl. Strobl (12).
24 Schürz (191).
25 Schürz (129 & 132).
26 Zuletzt eingesehen am 08.03.2022: https://www.zdf.de/
    nachrichten/heute/entfremdete-medienelite-soziale-her-
    kunft-praegt-die-berichterstattung-100.html. UND: https://
    www.youtube.com/watch?v=mySDIv-hjXU.

27 Vgl. Schürz (140).

28 Vgl. Ehs / Zandonella (96-98).

29 Vgl. Schürz (81 ff.).

30 Vgl. Friedrichs (29).

31 Biss (22).

32 Ebner-Eschenbach (233).

33 Vgl. Jaspers (15).

34 Arendt (21-22).

35 Vgl. Bockelmann (211 ff.).

36 Vgl. Bockelmann (282 ff.).

37 Vgl. Arendt: Denken ohne Geländer (89).

38 Vgl. Pistor (129 ff.).

39 Vgl. Art.1 B-VG.

40 Vgl. Pistor (165 ff.).

41 Vgl. Stephanie Kelton, Interview im *Standard.* Zuletzt eingesehen am 10.03.2022 um 11:40 Uhr unter: https://www.derstandard.at/story/2000121634395/kann-geld-in-der-krise-knapp-werden-nein-wir-haben.

42 Zuletzt eingesehen am 20.03.2022: https://de.wikipedia.org/wiki/Chartalismus.

43 Vgl. Ebda.

44 Vgl. Ebda.

45 Vgl. Pistor (321, ff).

46 Vgl. Pistor (83, ff.).

47 Vgl. Pistor (217-218).

48 Vgl. Pistor (47).

49 Vgl. Pistor (213).

50 Biss (198).

51 Pistor (173).

52 Vgl. Bockelmann, (19-21).

53 Bockelmann, (27).

54 Vgl. Bockelmann (147-188).

55 Vgl. Bockelmann (15-146).

56 Vgl. Bockelmann (39 ff.).

57 Vgl. Bockelmann, (33-34).

58 Vgl. Bockelmann, (39-40).

59 Vgl. Jaspers (25).

60 Vgl. Bockelmann (195).

61 Vgl. Bockelmann (168-169).

62 Bockelmann (186).

63 Vgl. Pistor (21-22).

64 Vgl. Bockelmann (197 ff.).

65 Vgl. Bockelmann (220 ff. & 225 ff.).

66 Vgl. Friedrichs (68).

67 Vgl. Biss (172).

68 Vgl. Friedrichs (96-99).

69 Vgl. Kennikell, Arthur B. (72 ff.).

70 Ebda.

71 Seeck / Theißl (Hg.): Solidarisch gegen Klassismus.

72 Vgl. Friedrichs (43 ff.).

73 Vgl. Friedrichs (65 ff.).

74 Vgl. Friedrichs (69-70).

75 Vgl. Guanzini (87 ff.).

76 Vgl. Guanzini (89-90).

77 Vgl. Biss (30).

78 Vgl. Guanzini (91-94).

79 Vgl. Guanzini (94-95).

80 Guanzini (96).

81 „And, you know, there's no such thing as society. There are individual men and women and there are families." – Margaret Thatcher. Zuletzt eingesehen am 15.07.2022: https://www.theguardian.com/politics/2013/apr/08/margaret-thatcher-quotes.

82 Kafka (349).

83 Vgl. Pistor (19-22).

84 Vgl. Guanzini (109).

85 Vgl. Ebda.

86 Vgl. Sandel (72).

87 Pistor (292-293).

88 Vgl. Strobl (12).

89 Vgl. Friedrichs (60-61).

90 Vgl. Friedrichs (74 ff.).

91 Vgl. Friedrichs (246 ff.).

92 Vgl. Pistor (16-22).

93 Vgl. Schürz (22).

94 Vgl. Friedrichs (14-15; 21).

95 Vgl. Friedrichs (17 & 45 & 56 & 75 ff.).

96 Vgl. Friedrichs (97).

97 Vgl. Biss (233).

98 Jaspers (16).

99 Biss (174).

100 Hades in Disney's Herkules.

101 Jaspers (15).

102 Vgl. Biss (215-218).

103 Vgl. Bockelmann (15-188).

104 Vgl. Arendt (15).

105 Arendt (16).

106 Vgl. Arendt (16, ff).

107 vgl. Arendt (8-9).

108 Vgl. Arendt (17-18).

109 Vgl. Arendt (41).

110 Vgl. Arendt (40).

111 Vgl. Arendt (27).

112 Vgl. Arendt (25).

113 Arendt (26).

114 Arendt (27).

115 Vgl. Arendt (31).

116 Arendt (34).

117 Vgl. Arendt (33).

118 Camus, B&F. (217).

119 Camus, B&F (217).

120 Camus, B&F (217).

121 Camus, B&F (219).

122 Vgl. Camus, B&F (219).

123 Vgl. Camus, B&F (219).

124 Schürz (125).

125 Vgl. Schürz (191).

126 Vgl. Schürz (126).

127 Schürz (126-127).

128 Schürz (191).

129 Vgl. Schürz (126).

130 Kafka (332).

131 Kafka (334).

132 Vgl. Schürz (195-196).

133 Biss (68-72).

134 Biss (68-69).

135 Vgl. Biss ebda.

136 Biss (69).

137 Vgl. Zuletzt eingesehen am 20.03.2022: https://resourcege-neration.org/breakdown-of-class-characteristics-income-brackets/.

138 Kafka (333).

139 Vgl. Pistor (18 ff.) & Friedrichs (64).

140 Vgl. Biss (87).

141 Biss (88).

142 Schürz (197).

143 Biss (51).

144 Vgl. Friedrichs (275).

145 Friedrichs (276).

146 Vgl. Friedrichs (277).

147 Schürz (191).

148 Guanzini (120).

149 Butterwegge (217).

150 Vgl. Pistor (19).

151 Vgl. Pistor (211-212).

152 Vgl. Pistor (212).

153 Pistor (214).

154 Vgl. Pistor (215).

155 Vgl. Pistor (217).

156 Vgl. Pistor (246-247).

157 Pistor (220).

158 Vgl. Pistor (226-227).

159 Pistor (243-244).

160 Vgl. Pistor (244).

161 Vgl. Pistor (255).

162 Vgl. Pistor (248).

163 [...] wie ein Quilt, der aus vielen Flicken unterschiedlicher Farben und Muster zusammengenäht wird. Und sie (die Herren des Codes, Anm.) waren die Einzigen, die wussten, wie dieser Quilt zusammengesetzt worden war [...] und folglich hatten diese wenig Interesse an Reformen [...]. Pistor (252).

164 Pistor (252 & 254).

165 Vgl. Pistor (253).

166 Vgl. Pistor (257).

167 Vgl. Pistor (263-264).

168 Vgl. Pistor (267).

169 Pistor (228).

170 Vgl. Pistor (283).

171 Vgl. Pistor (283-284).

172 Pistor (284).

173 Pistor (285).

174 Vgl. Pistor (287).

175 Vgl. Biss (56).

176 Biss (57).

177 Zum Beispiel Kants Kategorischer Imperativ und Rawls' Schleier der Unwissenheit.

178 Vgl. AEMR, Art. 2.

179 Arendt (37).

180 Camus, MS (18).

181 Schürz (191).

182 Vgl. Schürz (192).

183 Vgl. Schürz (199).

184 Arendt (37).

185 Biss (230).

Marlene Engelhorn

geboren 1992, studiert Germanistik an der Universität
Wien und hat u.a. im Bereich der Nachhilfe und der
Sprachtrainings gearbeitet. Als sie von ihrer hohen
Erbschaft erfährt, beginnt sie sich mit den Ideen der
Guerrilla Foundation auseinanderzusetzen, zu deren
partizipativer Struktur sie im „Funders' Circle" zählt.
Sie ist Mitglied einer Gruppe, die sich nach dem Modell
von Resource Generation aus den USA vernetzt, und
Mitgründerin der Initiative „taxmenow". Engelhorn
erhebt ihre Stimme in der öffentlichen Debatte zu
Steuer- und Verteilungsgerechtigkeit.

www.kremayr-scheriau.at

ISBN 978-3-218-01327-7
Copyright © 2022 by Verlag Kremayr & Scheriau GmbH & Co. KG, Wien
Alle Rechte vorbehalten
Linolschnitt, Schutzumschlaggestaltung,
typografische Gestaltung und Satz: Sheila Ehm
Reihen-Konzept: Stefanie Jaksch
Lektorat: Paul Maercker
Druck und Bindung: FINIDR s.r.o., Czech Republic